Karin E. Leiter

Die Lachfalten Gottes

Fröhliches Christsein

Mit 16 Farbbildern der Autorin

Tyrolia-Verlag · Innsbruck-Wien

Mitglied der Verlagsgruppe „engagement“

Die Deutsche Bibliothek – CIP-Einheitsaufnahme

Leiter, Karin E.:
Die Lachfalten Gottes : fröhliches Christsein /
Karin E. Leiter. – Innsbruck ; Wien : Tyrolia-Verl., 1994
ISBN 3-7022-1942-0

1994

Farblithoausarbeitung: Tiroler Repro, Innsbruck
Satz, Druck und Bindung: Athesia-Tyrolia Druck, Innsbruck

Inhalt

7 Vorwort von Franz Schmatz
9 Erlesene Therapie
12 Reise nach Usambara
13 Mit dem Hund gekommen
20 Die Lachfalten Gottes
23 Ostergeheimnis
30 Die gute Hirtin
32 Klangfarben
34 Geburtsschrei
36 Theo ist nicht logisch
40 Heiliger und Narr
46 Gespräch unter Freunden
47 Die Ameisen
54 Motiv-Aktion
58 Das Lied des Orpheus
62 Kopfbahnhof
66 Liturgiereform
69 Wetterbericht
72 Die Bettlerin
73 Frage
74 Geistreiche Firmung
79 Entscheidungshilfe
82 Erntedank
84 Sakramentenlehre
86 Lebenswerk
87 Magdalenas Logik
95 Auf den Hund gekommen

Für die Kinder –
und gegen die Angst…

Vorwort

In einer Zeit,
in der in unserer Kirche vor weiteren Aufbrüchen gewarnt wird, Angst und Ängstlichkeit zunehmen, die letzten Machtreservate abgesichert und der Erhaltung des Systems das Wort geredet wird...

In einer Zeit,
in der die Diskriminierung der Frau „für ewig" festgeschrieben werden soll und immer mehr Frauen mit Recht sich verachtet und entwürdigt fühlen...

In einer Zeit,
in der den Menschen, die Versöhnung suchen, selbstherrlich der Weg zur Nähe Gottes versperrt werden soll und so deren Wunden noch vertieft statt geheilt werden...

In einer Zeit,
in der die Sprache der Menschen heute nicht mehr wahrgenommen und gesprochen wird und auch deshalb Leben und Glauben getrennt werden...

In einer Zeit,
in der wegen der Fixierung auf sogenannte Tradition der Ursprung aus dem Blickfeld schwindet...

In einer Zeit,
in der oft die Zeichen der Zeit verkannt, Chancen für Erneuerung vertan und das Loslassen des Erstarrten verweigert wird...

steht Karin Leiter als aufrechter, also aufgerichteter Mensch ehrlich, spontan, mutig, prophetisch und lebensbejahend vor uns und schenkt uns Bilder und Worte zu den Lachfalten Gottes!

Mein Gott, tut das gut:

Eine Frau, die sagt, was sie denkt; die sich holt, was sie braucht; die verschenkt, was die Verantwortung erlaubt;
eine Frau, die wahrnimmt und wahrgenommen werden möchte; die lauscht und zum Horchen provoziert; die aus der Mitte zur Mitte finden und begleiten will;
eine Frau, die das „Trotzdem“ in allen Lebenslagen nicht predigt, sondern glaub-würdig lebt und so anderen die Masken fallen läßt;
eine Frau, die Systeme, Strukturen, Hierarchien, Definitionen und Denk- und Diskussionsverbote locker hinter sich läßt und einfach spontan echt und klar lebt und glaubt.

Karin, bist Du Priesterin, Prophetin, Lehrerin, Seelsorgerin, Therapeutin?
Ach was, Du sprengst doch alle diese definierten Rollen mit Deiner Einmaligkeit und Lebendigkeit.
Darin weist Du vielen von uns Wege in die Zukunft und machst uns Geschmack auf Leben und Glauben.

Gut, daß es Dich gibt, Karin.

Mit allen guten Wünschen

Franz Schmatz

Erlesene Therapie

„Vielleicht wollen Sie einen schönen Bildband – wenig Text, viele Bilder. – Oder wie wär's mit einem Liebesroman …?"
Die Krankenhaus-Büchermaus verzieht ihren Mund zu einem verunglückten Lächeln. Mein Gesicht dürfte Bände sprechen. Sagen, laut und deutlich, möchte ich meine Gedanken lieber nicht! Ob sie mich wirklich verstehen könnte? Für eine längere Diskussion hat sie keine Zeit und ich jetzt einfach keine Lust. „Wenig Text, viele Bilder …" – Bin ich denn ein kleines Kind?

Ja, ich weiß, man muß uns Kranke schonen! Trivialliteratur braucht keine intellektuelle Anstrengung. Wir sollen schließlich entspannt, pflegeleicht, gehorsam, entmündigt geschehen lassen, was eben zu geschehen hat.
Ich bin aber heute auf Rebellion gestimmt. Die Geduldssaite ist gerissen. Ich bin mehr als dieser verdammte Krebs! Ich bin kein Befund, ich habe mein Empfinden. Und das wird mir eben empfindlich gestört: Wieso werden Schwerkranke Volksschülern gleichgestellt? Nein, halt, das stimmt nicht! Sie hat mir ja auch einen „Liebesroman" angeboten. Aber lassen wir das!

Angestrengtes, langes Lesen ist liegend mühsam. Die Konzentration manchmal schwer zu halten.
„Haben Sie einen Gedichtband?" frage ich. Dichtes Dichten wäre gerade das Richtige. Auch zum Zeitausfüllen. Ich will meine Zeit nicht vergeuden und schon gar nicht totschlagen. Aber die Gedanken kreisen immer wieder um Befunde, Untersuchungen, Laborwerte (wenn diese wenigstens wirkliche Lebenswerte wären!) und Behandlungen.

Ich möchte mir einfach ein Stück Welt zurückholen. Erlesene Therapie – selbst verordnet …
Die Büchermaus hat ihr Verwundern aus dem Gesicht gebügelt. Sie strahlt mich an:
„Ja, Schillers Balladen!"
Ich leide!
Ich nehme sie.
Etwas unwillig beginne ich zu blättern. Dann aber stecke ich fest, versinke in den Zeilen, verliere mich zwischen den Strophen und finde mich wieder in alten Bildern.
Plötzlich taucht Kindheit auf. Schulstreiche, Lehrergesichter.
Ein Windhauch Nostalgie trägt mich fort aus Blut- und Harnlabortabellen. Was war das vorhin in meinem Aufbäumen? Kein Kind wollte ich sein? Warum setze ich Entmündigung mit Kindheit gleich?

Zwei Welten prallen aufeinander:
Das Bild des Dressuraktes und der nackten Abhängigkeit auf der einen Seite und das Bild des einfachen Wachsens und der eigenen Persönlichkeit auf der anderen Seite …
Ich kann sie noch auswendig, die eine oder andere Strophe.
Ja, genau – so ist's gegangen!
Alter Schiller, tut das gut!
Von meinem Besucher bestelle ich aus der eigenen Bibliothek Bachmann, Celan und die „Alten Meister" von Bernhard – und einen Morgenstern zum Drüberstreuen. Ich möchte einfach lachen, weinen und vor allem schimpfen, aus dem Bauch heraus. Das tut so verflixt gut!

Am Abend blättere ich im Alten Testament. Lese schließlich Kohelet:

„Es ist nicht gut, allein zu schlafen. Einer kann den anderen wärmen. Wenn ich alleine liege – wie soll ich warm werden?"

Ich muß raus aus dem Spital!
Ich hab's gewußt, geahnt, gefühlt!
Ich komme heim. Mein Bett steht mitten in der Bibliothek.
Ich liebe den alten Kohelet!

Reise nach Usambara

Eine Zeit, den
Handstand zu probieren,
einen Kopfstand zu riskieren
und trotzdem
am Boden zu stehen.

Eine Zeit, für den
Aufstand gegen den
Stillstand
mit ver-rücktem Verstand
auch gegen den Anstand
einzustehen.

Wie sonst sollte
Ostern werden?

Mit dem Hund gekommen

Jede Kultur, jede Religion, ja jeder Volksstamm hat eigene Schöpfungsmythen. Die Frage nach dem Woher von Welt und Menschen hat unzählige Geschichten entstehen lassen. Geschichten, die erzählt, bewahrt und auch aufgeschrieben worden sind. Sie wurden heilsam und heilig, weil sie alle den Menschen mit der Schöpfung und einem gemeinsamen Ursprung verbunden haben und das immer noch tun, wenn wir ihnen wirklich zuhören.
Besonders berührt hat mich die Schöpfungsgeschichte der Indianer vom Stamm der Apachen. Diese Erzählung beginnt mit einem Großvater und seinem Hund. Ich hatte auch einen Großvater mit einem Hund, der Pfeife rauchte und der in meiner Erinnerung immer schon ein alter, weiser Mann war.
Er war schon da, als es die Eltern noch nicht gab. Ein Hauch von Ewigkeit umgab ihn. Er wußte auf alles, was mein Kinderherz bewegte, eine Antwort, kannte alle Bäume, Gräser, Kräuter und Tiere und erzählte einfache Geschichten. Geschichten, die wie große Geheimnisse klangen. Er hat mich vieles gelehrt: eine Sense zu gebrauchen, Holz aufzuschlichten, den Hund zu bürsten, Pilze zu unterscheiden, Kräuter zu sehen, Vogelstimmen zu lokalisieren, einen Nagel richtig einzuschlagen, Feuer zu machen, zu horchen, zu schauen und Geschichten zu erzählen.
Deshalb hat mich wohl der Apachenmythos so bewegt und mir Bilder geschenkt, die diese Schöpfungsgeschichte noch weiter phantasieren ließen in meinem Zuhören. Ich schreibe sie auf, so wie sie für mich gewachsen ist:

Großmutter Erde lächelte. In ihrem Lächeln wuchsen Bäume,

Sträucher und Gräser. Wenn die Großmutter richtig lachte, dann blühten Blumen, und Früchte reiften auf den Bergmatten ihres wogenden Busens. Und die Großmutter Erde lächelte immer, wenn der Großvater mit seinem Hund in eine seiner Werkstätten ging. Dann hatte er wieder einen seiner Träume einfangen können. Jetzt schnitzte, webte oder flocht er daraus ein Geschenk für die Großmutter. Dann lachte sie so herrlich blühend auf. Das liebte der Großvater ganz besonders.
Eines Tages nun spazierte der Großvater mit seinem Hund durch Wälder und Wiesen und betrachtete sein Werk. Als die beiden unter einem mächtigen Baum rasteten, schaute der Hund seinen Herrn lange nachdenklich an.
„Was hast du denn, mein Freund?" fragte der Großvater schließlich. Der Hund richtete seine Ohren kurz auf und ließ sie gleich wieder hängen.
„Großvater, bleiben wir immer so beisammen wie jetzt?" Hoffnungsvoll wedelte er mit der Schwanzspitze – nur ein bißchen …
Der Großvater schwieg. Er stopfte seine Pfeife. Langsam und bedächtig, so als müsse er nach den rechten Worten suchen. Schließlich zündete er die Pfeife an und hauchte den würzigen Rauch an den Rand des Himmels.
„Es wird eine Zeit kommen, da sind wir einander nicht so nahe wie jetzt."
Fast zum Trost kraulte er den Hund hinterm Ohr und tätschelte sanft seine Schulter.
Der Hund sagte nichts. Er legte sich hin und bettete seine Schnauze in den Schoß des Großvaters. So blieben die beiden bis zum Abend unter dem Baum.
Am nächsten Morgen machte sich der Großvater wieder auf den Weg zu seinen Werkstätten.
Plötzlich blieb der Hund stehen:

„Großvater, für diese Zeit, in der wir einander nicht mehr so nahe sind wie jetzt, brauche ich einen Gefährten!"
Der Großvater schaute seinen Freund verwundert an.
„Mach mir bitte einen Gefährten für diese Zeit!" sagte der Hund, setzte sich mitten auf den Weg und wartete. Seinen Kopf hatte er etwas schief gelegt, die Ohren standen zur Seite, und seine Schwanzspitze klopfte erwartungsvoll.
Der Großvater dachte einen kleinen Moment lang nach, dann lächelte er: „Du hast recht, du brauchst einen Gefährten für diese Zeit!"
Er ließ seinen Blick suchend umherschweifen. Der Hund war längst aufgesprungen, wedelte und stieg aufgeregt von einer Pfote auf die andere. Großvater hatte offensichtlich gefunden, wonach er gesucht hatte.
Zielstrebig ging er querfeldein auf ein Stück dunklen, unbebauten Ackerbodens zu. Der Hund sprang und lief neben ihm her. Als sie den Acker erreicht hatten, legte sich der Großvater ausgestreckt auf die tauige Erde.
„Jetzt nimm einen Stock in dein Maul und zeichne meine Umrisse genau nach!" befahl er seinem Hund.
Der Hund überlegte kurz, dann machte er kehrt und raste zum Baum auf dem Hügel. Dort fand er einen abgebrochenen Ast, schnappte ihn und kam mit wehenden Ohren zurück.
Der Großvater war inzwischen still liegen geblieben. Jetzt zeichnete der Hund Großvaters Umrisse genau auf dem Ackerboden nach.
„Fertig!" sagte er und legte den Ast beiseite.
Der Großvater stand auf und besah sich die Linien.
„Gut gemacht!" sagte er anerkennend und nickte.
Dann legte er sich neben den Umrissen noch einmal hin. Dieses Mal aber auf den Bauch.

„Noch einmal, mein Lieber!“ bat er den vierbeinigen Künstler. Der packte wieder den Ast und begann erneut zu zeichnen. Als er fertig war, stand der Großvater auf und betrachtete still die beiden Figuren.
Dann setzte er sich an den Rand des Ackers in die Wiese. Der Hund legte sich daneben. Zeichnen war eine anstrengende Arbeit! Der Großvater wartete, bis sein Freund sich etwas ausgeruht hatte. Als der Hund endlich erwartungsvoll den Kopf hob, sagte der Großvater:
„Jetzt geh fort und dreh dich nicht um!“
„Aber, Großvater ...“, setzte der Hund an.
„Geh!“ wiederholte der Großvater unmißverständlich.
Der Hund stand auf und ging einige Meter weit. Vorsichtig drehte er sich im Gehen um. Aber das war doch ...! Mit großen Augen starrte er auf den Acker zurück.
„Großvater, da liegen ja zwei, wo du gelegen bist!“
„Ich habe gesagt, du sollst dich nicht umdrehen!“ rief der Großvater ärgerlich.
„Mach, was ich dir sage, und geh!“ rief er donnernd.
Der Hund zog kurz seinen Schwanz ein, neigte den Kopf und stapfte weiter. Wieder einige Meter. Aber die Neugier war einfach zu groß. Er drehte seinen Kopf zurück – und eine Pfote blieb vor Aufregung in der Luft hängen:
„Großvater, da sitzen ja zwei, wo du gelegen bist!“
„Was hab' ich zu dir gesagt?“ schrie der Großvater.
Der Hund ging zögernd einige Schritte. Das war ja nicht mehr zum Aushalten! Er drehte sich ganz um. Er wollte doch nur ...
„Großvater, da steh'n ja zwei, wo du gelegen bist!“
Jetzt war er einfach nicht mehr zu halten. Er sprang wedelnd daher und begrüßte freudig die beiden Figuren.
Da stand ein Menschenmann an der Stelle, an der der Großvater

auf dem Rücken gelegen war. Und eine Menschenfrau an der Stelle, an der der Großvater auf dem Bauch gelegen war.
„Sie schauen dir so ähnlich!" rief der Hund und tanzte um die beiden herum. Die rührten sich aber nicht. Der Hund schaute den Großvater fragend an.
„Warte halt ein bißchen! Du mußt mir schon Zeit lassen – und den beiden da auch!" sagte der Großvater und lachte.
Dann stellte er sich hinter die beiden Menschen und gab beiden einen kräftigen Klaps auf ihr Hinterteil.
„Jetzt geht nur los!" rief er aufmunternd.
Die beiden gingen los. Ganz langsam und etwas unsicher noch. Aber das wurde von Schritt zu Schritt besser.
Der Großvater klopfte ihnen schließlich auf die Schulter:
„Jetzt rennt einmal richtig!"
Sie rannten los, der Großvater hinterdrein, der Hund nebenher. Auf dem Hügel unter dem alten Baum blieben alle atemlos stehen. Der Großvater streichelte den beiden Menschen ganz liebevoll die Gesichter, küßte sie sanft und sagte dann zärtlich:
„Jetzt sprecht!"
Doch sie blieben still stehen.
„Sagt nur einen Satz!" bat der Großvater. Der Hund wedelte aufgeregt.
Sie sagten nichts.
„Bitte, so sagt doch wenigstens ein Wort!"
Der Großvater nahm sie an den Händen. Aber es half nichts. Sie schwiegen.
Da setzte sich der Großvater unter den Baum, der Hund kuschelte sich tröstend an ihn. Aber plötzlich sprang der Großvater auf:
„Ihr braucht ja eine Stimme, bevor ihr sprechen könnt! – Also: Schreit! Schreit, meine Lieben, schreit!"
Da öffneten die beiden den Mund, heisere Töne kamen hervor.

„Ja, schreit!" Der Großvater klatschte in die Hände, der Hund bellte laut in allen Tonlagen, die seine Stimme hervorbringen konnte.
Jetzt wurden die Töne klarer! Die Menschen schrien aus Leibeskräften.
Der Großvater nickte seinem Hund zufrieden zu. Die beiden Menschen schauten sich erst ganz erschrocken an – und dann mußten sie laut lachen. Sie fielen einander um den Hals und lachten, bis ihnen die Tränen in die Augen stiegen. Der Großvater lachte, Großmutter Erde lachte, der Hund wedelte voller Freude.
„Ihr könnt lachen! Jetzt seid ihr lebensfähig!" sagte der Großvater schließlich. Dann nahm er den Hund auf den Arm und drückte ihn zärtlich an seine Brust zum Abschied.
„So, nun geht! Geht gemeinsam!"
Er setzte den Hund auf den Boden zurück, und die Frau, der Mann und der Hund gingen fort.
Sie waren schon am Fluß jenseits des Hügels, als die Frau plötzlich stehenblieb, sich umdrehte, noch einmal den Hügel hinauflief und mit weit ausgestreckten Armen dem Großvater um den Hals fiel. Dann küßte sie ihn liebevoll.
„Großvater, du bist wunderbar!" flüsterte sie ihm ins Ohr und rannte zurück zu den anderen.
Der Großvater lachte und winkte ihnen nach.
Aus dem Kuß der Frau träumte der Großvater den Frühling…

Die Lachfalten Gottes

Wenn ich noch einmal leben könnte,
würde ich viel unbedachter sein.
Ich würde mehr Fehler machen
und sie mir auch zugesteh'n
Wenn ich noch einmal leben könnte,
würde ich langsamer gehen, nicht rennen,
und mir alles auf dem Weg genauer anschauen.
Ich würde ruhig warten, bis eine Knospe
sich öffnete zur vollen Blüte.
Ich würde keinen Regenschirm mehr mitnehmen,
keinen Proviant, keine Stiefel und kein Aspirin.
Wenn ich noch einmal leben könnte,
würde ich öfter die Schule schwänzen
und weniger Regeln und Verbote beachten.
Ich würde nichts mehr auswendig,
sondern nur noch inwendig lernen.
Ich würde Befehle und Verordnungen doppelt prüfen
und meinen Empfindungen gehorchen.
Wenn ich noch einmal leben könnte,
würde ich mir mehr von der Welt anschauen
und mehr Menschen umarmen.
Ich würde den Augenblick auskosten
und nicht einer „guten alten Zeit" nachtrauern
oder zehn Jahre schon heute verplanen.
Ich würde das Risiko eingehen,
ein kindliches Vertrauen zu bewahren.
Ich würde mich weniger schämen
und alles aufs Spiel setzen.

Wenn ich noch einmal leben könnte,
würde ich im Frühling früher
und im Herbst länger barfuß gehen.
Ich würde öfter schreien
und Friedhofsmauern bunt bemalen.
Ich würde öfter streiten und öfter versöhnen,
mich weniger entschuldigen
und klarer meinen Standpunkt vertreten.
Wenn ich noch einmal leben könnte,
würde ich viel unverschämter aus dem Rahmen fallen
und lauter auf die Pauke hau'n.
Ich würde mich von Gottes Charme
ganz hinreißen lassen
und mich in seine Lachfalten vertiefen.
Wenn ich noch einmal leben könnte –
ich lebe jetzt – also:
Wo ist die nächste Friedhofsmauer?…

Ostergeheimnis

Beim Mittagessen wurde heftig weiterdiskutiert. Sterben, Begleitung, Berührungsängste ...
Die Seminarteilnehmer hatten kaum einen Blick für den kunterbunten Salat. Ich hatte in den Vormittagsstunden genug geredet.
Eine kleine Horde Buben sprühte in den Speisesaal. Dazwischen Mädchenzöpfe. Die vielleicht zehnjährigen Ministranten stürzten hungrig an die Tische.
Wann bricht die Angst vor Berührung eigentlich über einen Menschen herein?
Mich bewegte diese Frage mit einem Mal sehr. Mein Blick hing an dem Kindertisch fest. Ich konnte meiner Gruppe nicht mehr zuhören.
Ein sommersprossiger Rotschopf ließ seinen riesigen Suppenlöffel einfach in der Luft hängen und schaute mich aus großen Augen an. Ich schaute zurück. Fragend. Seine Antwort war ein Augen-blick auf meinen hölzernen Halsschmuck.
Ich griff fragend hin.
Mein kleiner „Gesprächspartner" nickte eifrig.
Ich zuckte mit den Schultern.
Er deutete zur Tür. Nur mit einem stillen Blick.
Ich nickte bestätigend und zeigte auf das Essen.
Heftiges Nicken und dann wildes Suppenschaufeln waren die Antwort.
Ich lächelte in meinen Teller und war nur noch neugierig.
Als ich sah, daß mein kleiner Freund fast fertig war, stand ich auf und verließ den Speisesaal.
Ich ging auf die Terrasse und wartete. Es dauerte sicher keine zwei Minuten und eine Kinderhand zupfte mich am Pullover.

„Was ist das für ein Zeichen an deiner Schnur?"
Es war keine Zeit zum Vorstellen. Die Frage brannte schon zu lange auf der Zunge.
Ich setzte mich.
„Das ist ein Tau. Ein griechischer Buchstabe. Mit dem hat der heilige Franziskus immer unterschrieben."
„Der aus Assisi?"
Ich nickte: „Genau! – Sag, wer bist eigentlich du?"
„Der Maxl", kam mit einem Lachen zurück.
„Ich bin die Karin", sagte ich und gab Maxl die Hand.
„Dein Tau gefällt mir sehr!"
Maxl nickte und griff nach dem geschnitzten Holz. Ich beugte mich etwas vor und ließ es ihn be-greifen.
Plötzlich ließ er es los und versenkte sich in die Betrachtung seiner ausgefransten Turnschuhspitzen.
„Was hast du denn?" fragte ich verwundert.
„Streit mit unserem Kaplan!"
„Warum denn?"
„Ach, wir haben heute alle ein Ketterl mit einem Kreuz bekommen. Ich will das nicht umhängen! Er sagt aber, ich muß!"
„Gefällt dir das Kreuz nicht?" fragte ich schließlich. Es war lange still gewesen.
„Nein!" Ein heftiges Kopfschütteln bekräftigte die klare Antwort.
„Willst du ein anderes Kreuz haben!"
Ein wilder Blick blitzte mir in die Augen. „Ich will überhaupt kein Kreuz haben!"
Ich wunderte mich etwas, zugegeben, aber nun war meine Neugier nicht zu bremsen.
„Erzähl!" sagte ich nur kurz. Was hätte ich jetzt auch fragen sollen?

Maxl stemmte beide Hände in die Hüften, pflanzte sich in seiner ganzen Größe vor mir auf und schaute mich herausfordernd an:
„Sag einmal, würdest du dir das Messer um den Hals hängen, mit dem dein Freund erstochen worden ist?"
Einen kurzen Moment war ich völlig durcheinander.
Maxl bekam Tränenseen in beiden Augen.
Ich sagte nichts. Jetzt war jedes Wort zuviel.
Ich nahm den Buben bei der Hand, stand auf und ging mit ihm in mein Zimmer.
Wo war es denn? In einer der Seitentaschen ... Ja, ich hatte mein „Reservetau" gefunden. Der Knoten in der Schnur war noch neu, ich hatte ihn schnell offen. Jetzt noch eine Schere. Im Toilettenbeutel. Meine vielen Reisen haben mich ein bestimmtes System von Einpacken gelehrt. Jetzt war ich sehr froh, nicht lange suchen zu müssen. Jede Minute schien kostbar zu sein.
Ich legte Maxl das Tau auf die Brust, nahm Maß mit der Schnur, schnappte nebenbei ein Taschentuch aus meinem Hosensack, gab es ihm, verknotete die Schnur fest in seinem Nacken und schnitt das Zuviel einfach ab.
Die Schere noch in der Hand, setzte ich mich vor den Freund und nickte einfach nur.
„Für mich?" fragte Maxl, nahm das Tau in die Hand, schneuzte sich mit der anderen und strahlte mich an.
„Maxl, weißt du, was Ostern ist?" fragte ich nach einer Weile.
Er nickte, streckte seine Brust vor und wuchs um Zentimeter.
„Ja, *das* jetzt!"
Am Abend, als die Kindergruppe schon im Bett war und meine Seminaristen noch gemütlich beisammensaßen, ging ich zu einem anderen Tisch in der Hausbar.
„Darf ich mich etwas zu Ihnen setzen?" fragte ich den Kaplan, der eine Zeitung las.

„Ja, gern“, sagte er und faltete die Zeitung sorgfältig zusammen. In seiner Stimme war etwas Verwunderung.
Wir kamen schnell ins Gespräch. Über unser Seminarthema „Sterben“ zum Leiden und schließlich zum Kreuz.
„Was gefällt Ihnen eigentlich besser: ‚den Kreuzweg beten‘ oder ‚das Kreuz wegbeten‘?“ fragte ich ihn.
Er horchte einen Moment lang auf. Eine ungewöhnliche Frage – offensichtlich – und so provokant, ich weiß ...
Aber der geistliche Herr hatte seine Hausaufgaben immer gemacht. So, als hätte ich eine Schublade geöffnet, hielt er mir einen Vortrag über das Kreuzweggebet an sich, die Betrachtung im besonderen, und gerade noch, bevor er sich in einen geschichtlichen Diskurs verirren konnte, stoppte ich ihn:
„Sie haben meine Frage nicht beantwortet! Es geht nicht darum, eine Belangsendung zu einem der beiden Themen zu machen. Ich habe das ganz persönlich gemeint. Aber ich frage Sie anders: Ist Ihnen dieses Wortspiel schon einmal in den Sinn gekommen?“
„Nein, aber ...“
Ich unterbrach ihn jetzt schneller.
„Welche Gedanken kommen Ihnen, wenn Sie ein Korpuskreuz hängen sehen?“
„Worauf wollen Sie hinaus?“ fragte er verunsichert zurück.
„Erzählen Sie!“ forderte ich ihn auf.
Er hielt mir eine Passionspredigt. Theologisch fundiert und rhetorisch sehr schön. Sein Körper sprach nicht mit. Nur hin und wieder ein kleines Flüstern seiner Hände. Sonst nichts.
Ich nickte kurz. Das alles war wahr, das alles war Glaubensbekenntnis, allgemein und – ja und was?
„Ich weiß immer noch nicht, wie es Ihnen ganz persönlich mit meinem Wortspiel geht. Aber vielleicht war die Frage eben zu

persönlich gestellt. Sie müssen es mir nicht erzählen", sagte ich und schaute ihn an.
„Und ich weiß immer noch nicht, worauf Sie hinauswollen!" gab er trotzig zurück.
„Um es auch ganz theologisch zu sagen: Der Weg ist das Ziel. – Ich meine jetzt nicht den Kreuzweg, sondern unseren Gesprächsweg." Ich wartete ein bißchen.
Er schwieg.
„Ich bekam heute einen Denkanstoß. Wir Christen dürften eigentlich ein Korpuskreuz nur am Karfreitagnachmittag aufhängen, hervorholen, betrachten. Dann würden wir es auch ganz besonders beachten. Wenn uns das leere Kreuz von Ostern kündet, dann – und nur dann – hat es seine Berechtigung als Glaubenssymbol. Christus hat das Leid nicht verherrlicht, sondern geheilt, wo immer es ihm begegnet ist. Wir sind Christen – so glaube ich zumindest –, weil es Ostern gibt. Und nicht, weil es die Hinrichtung durch das Kreuz gegeben hat."
Mein Gegenüber schwieg. Er hörte zu. Und ich stellte zu meinem Schrecken fest, daß ich nun zu predigen begonnen hatte. Genauso zerlegend wie der Kaplan.

Im Deutschen sagen wir „scharf nachdenken", womöglich sogar mit einem „messerscharfen Verstand". Alles wird zerteilt, zergliedert …
Im Hebräischen heißt das Wort für „denken": ein „Gleichnis, eine Geschichte erzählen". Ich gebe meinen Gedanken ein Bild, das Du verstehen kannst. Damit sage ich dir, was ich denke. Die Gedanken werden ganz, vervollständigt, ergänzt …
Wenn wir aus-gebildet sind, haben wir keine Bilder mehr, aber einen messerscharfen Verstand …

Und dabei hatte ich heute eine so großartige Geschichte erlebt.

Was mußte ich abschweifen in Geröllhalden, wenn der Fels so stark und schön vor mir stand? Ich nahm meiner Stimme endlich das Schulmeistern und begann noch einmal als Geschichtenerzähler.
Ich erzählte dem Kaplan einfach die Begegnung mit Maxl.
Dann stand ich auf und wünschte ihm eine gute Nacht.

Am nächsten Morgen bekam ich einen festen Umärmler von Maxl.
Gleich beim Frühstück und mitten im Speisesaal.
Ganz ohne Kommentar.
Ich bedankte mich beim Kaplan für das, was ich erleben durfte.
Der Kaplan bedankte sich bei mir und setzte sich neben Maxl zum Frühstück.
Ich schmierte mir ein Honigbrot und lachte ein „Deo gratias“ in den Morgenhimmel.

Die gute Hirtin

Ein Schaf auf dem kleinen Bauernhof hatte gerade ein Lamm geboren. Die Kinderstimme zitterte die Nachricht ins Telefon. „Das ist mein Schaf! Mein ganz alleiniges!“
Ich sah Annas strahlenden Lockenkopf direkt vor mir. Hund, Katzen, Bienen, Hühner, Vögel, Frösche, Fische … das ganze Paradies hatte jetzt einen besonders leuchtenden – oder genauer gesagt: blökenden Mittelpunkt bekommen.
Aber schon vier Tage später kam die Hiobsbotschaft: Das Schaf, also wirklich, *dieses* Schaf war ausgerückt. Aus dem Stall – einfach verschwunden. Und mit ihm das kleine Lamm! Es lag schon Schnee. In der Nacht biß die Kälte merklich zu. Das arme kleine Lamm!
Anna weinte bitterlich am Telefon.
Die Mutter erzählte mir, daß die ganze Familie, alle Nachbarn, Freunde verzweifelt suchten. Anna konnte nicht mehr reden. Ihre Stimme ertrank in den Tränen. Sie rannte herum, ziellos, rastlos, über Wiesen, Äcker und im Wald. Völlig erschöpft kam das Kind dann heim. Mit leeren Händen und einem total verzweifelten Blick. Die Schule bestand nur noch aus unnütz verhockter Zeit.
„Mein Schaf!“ war alles, was in diesem kleinen Kopf und vor allem im Herzen schrie.
Tage vergingen. Die Hoffnung, das Lamm noch lebend wiederzufinden, war eigentlich schon zu einer Illusion geworden. Aber jedesmal, wenn einer der Erwachsenen von der Suche zurückkam, schauten zwei Kinderaugen groß und erwartungsvoll auf. Um gleich wieder in Tränen zu ertrinken.
Anna zog jeden Tag selber noch stundenlang los, suchte den Bo-

den nach Spuren ab, kroch ins verschneite Unterholz und stapfte ihren unsäglichen Schmerz und ihre grenzenlose Sorge in den Schnee.
Ich konnte das Drama nur am Telefon verfolgen. Jeden Tag hieß es: „Wieder nichts!“
Eine ganze Woche lang.
Jetzt waren wir Erwachsenen uns sicher: Das Lamm kann das nicht überlebt haben. Annas Traurigkeit wuchs zur Trauer. Wie gewaltig konnte Kinderschmerz sein! Sie war doch gerade eine so strahlende Hirtin geworden – und jetzt hatte sie ihr erstes Schaf verloren!
Ein Spaziergänger sah ein Mutterschaf mit Lamm nahe dem kleinen Bauernhof am Waldesrand. Er versuchte, an die Tiere heranzukommen. Das Schaf wich aus. Das Lamm folgte. Zurück in den Wald. Der Mann hinterdrein. Das Schaf flüchtete weiter. Aber das Lamm verhinderte ein schnelles Rennen. Der Schnee, das Unterholz – auch der Verfolger, der eigentlich Retter sein wollte, kam nur langsam vorwärts.
Nach mühsamen Stunden gelang es endlich! Das Schaf konnte festgehalten werden. Der Mann führte es zurück auf den Hof. Das Lamm war seiner Mutter gefolgt. Es lebte, war gewachsen und kräftig geworden!
Anna sprang ihrer Mutter in die Arme, klammerte sich fest, schrie, weinte, lachte, zitterte vor Aufregung und wußte eigentlich gar nicht mehr, wie ihr zumute war.
„Das Schaf ist wieder da. Und Annas Lamm lebt!“ Diese Nachricht hätte auf Plakatwände riesengroß gemalt werden müssen. Mit Leuchtfarben und einem lachenden Kindergesicht. Anna konnte auch dieses Mal selbst am Telefon kaum sprechen.
Sie war so stolz auf ihr kleines, zähes Lamm, ihre Freude war so mitreißend.

Jetzt mußte ich weinen und lachen. Und dann startete ich einen Rundruf bei den Freunden:
„Annas Lamm lebt, Mutter Schaf und Kind Schaf sind wohlauf! Anna-Mutter und Anna sind glücklich und der Rest der Familie – Seligkeit auf dem Bauernhof!"
Die Schule hat noch immer nicht viel vom Leben mitbekommen, jedenfalls viel zuwenig, um Anna davon wirklich etwas zu erzählen. Aber Anna hat viel vom Leben, sie ist eine Hirtin geworden. Eine biblische Hirtin!

Klangfarben

Im Einklang keinen
Anklang finden,
weil die Symphonie
des Lebens eben nicht
eintönig ist.

Mein Klangkörper
schwingt
den Geist
in die Regenbogentrommel
meiner Seele.

Rahel steht
mit ihrer Herde
am Brunnen.

(Haben Seelsorger
eigentlich Musikunterricht?)

Geburtsschrei

Wenn dunkle Nacht mich niederriß
und Angst mich zu verschlingen drohte,
versuchte ich zu schreien und zu klagen.
Meine Stimme starb in meiner Brust.
Kein Wort reichte aus, mir Kraft zu geben,
nur einen Ton hätte ich gebraucht!
Was sollte ich dir sagen, was opfern dir,
der alles hat?
Was brauchst du meine Qualen,
wenn dir die Welt gehört?
Mein Herz klagt an,
mein Leib bäumt sich auf aus der Tiefe.
Ich will nicht versinken im Meer der Not!
Ich will nicht zugrunde gehen
in meiner Trauer und meinem Schmerz.
Wo bist du, Barmherziger und Lieber,
wo bist du jetzt in dieser Nacht?
Mit starkem Arm herausgeführt,
zärtlich herausgeführt hat mich mein Gott.
Ich konnte endlich laut weinen.
Sein Arm hat mich getröstet.
Die Welt hat er mir gezeigt.
Seine Quellen, die aus den Steinen springen,
den munteren Bach, Schoß der Fische.
Noch tränenverhangen sah ich die Berge
mit grauer Weisheit stehen hoch in den Wolken.
Sanfte Hügel wärmten mich im Trost
ihrer saftigen, reifen Früchte.

Kein Tier, das mir nicht kündete
von seiner Phantasie und Schöpferkraft.
  Was sollte ich schon geben können,
  ihm, dem all das gehört?
Ich stand und schaute, staunte nur.
Die Freude stürmte in meiner Seele.
  Jubeln wollte ich und schreien
  über meine Freude hinaus zu dir.
Mein Lied war nur leise, ein Flüstern
inmitten des rauschenden Wasserfalls.
  Ich hatte mich verloren
  in den Wolken der Freude,
hing mitten im Luftsprung über dem Boden.
Sanft hast du mich heruntergeholt
  und auf meine Füße gestellt.
  Nicht mehr versinkt mein Schritt,
mein Tritt ist fest und sicher.
Was sollte ich dir geben,
  dir, der alles ist und alles hat?
  Was soll ich machen, Herr, mein Gott?
Ich arbeite an mir, versuche mich zu finden,
zwischen Abgrund und Höhe stehe ich.
  Ich komme langsam zu mir selber.
  Heute habe ich ein Stück von mir entdeckt!
Ich brauche nicht zu schreien,
ich sage es dir nur, Geliebter!
  (Da war Gott sehr erleichtert ...)

Theo ist nicht logisch

Die Einfalt in der Vielfalt auszufalten brachte mich nicht der Dreifaltigkeit, sondern den Kummerfalten näher. Bei so viel Wissen und so wenig Leidenschaft drohte mein Glaube zeitweise ganz banal zu verkümmern.
Ein Schüler brachte es einmal auf den Punkt: „Alles tote Hose, was da so läuft!"
Genau das aber empfand ich nicht, da war nichts tot – nur zugeschüttet, verkrustet, überwuchert. Jedenfalls wehrte sich mein Bauchgefühl dagegen, meinen Glauben nur noch zu wissen. Dieser dreifaltige Gott, unser liebender Gott – und eine „tote Hose"…
Das brachte mich zu einer Hausverstands-Betrachtung, die sehr heilsam gewesen ist. Und ich kehre auch immer wieder dahin zurück, um mich bei Gott wiederzufinden:
Tagtäglich landet Schmutzwäsche im Korb. Sie wird ausgezogen, landet auf dem Boden, irgendwie zusammengeknüllt, dann im Wäschekorb. Sie riecht nach Rauch und Schweiß und einfach nach Mensch, nach mir. Sie hat Flecken da und dort…
Dann ist der Korb voll. Ich werfe wieder alles heraus, sortiere nach Farbe oder Stoff, jedenfalls auseinander und zusammen.
Verschiedene Waschprogramme sind notwendig, verschieden dosiertes Waschmittel. Manches verlangt sogar Handwäsche und Schongang.

In der Waschmaschine des Lebens können wir nicht mit Weichspülern alles kuschelweich und faserschmeichelnd machen! Da ist der harte Schleudergang viel eher gegeben!
Es kommt auch oft genug heiß und kalt daher und über-

schwemmt mich einfach ganz und gar. Hin- und hergeworfen, an die Wand gedrückt, durchgeschüttelt und zerknittert ausgespuckt – wie sehr kenne ich das!

Die Wäsche wird herausgeholt, landet in einem anderen Korb, wird ausgebeutelt – knallend oft –, landet auf der Wäscheleine. Je nach Wetter und Jahreszeit erlebt sie blähenden Wind, bleichende Sonne, wird steifgefroren oder am Ofen getrocknet. Jedenfalls braucht sie jetzt Zeit und Platz. Sie riecht auch anders, duftet, leuchtet, ist sauber und frisch. Aber immer noch das alte Leiberl, die alte Hose, der Lieblingspulli …

Ich bin auch kein anderer Mensch, aber irgendwie doch neu nach so einem Waschgang, einem Lebensüberblick, einem Aussortieren und Herausholen an die Luft. Mir Luft machen, mich wehen und tragen lassen, mir Zeit geben und Platz machen …

Nicht zu trocken darf die Wäsche werden, nicht hart und kratzbürstig. Aber wenn der Wind zu eifrig war, hilft Wasser wieder. Ich mache es immer noch wie meine Großmutter: tauche meine Finger in eine Schüssel mit Wasser und spritze so die Wäsche ein. Aus einem zerknitterten Berg werden lauter kleine, feuchte Rollen. Dann kommt das Bügeleisen. Die richtige Temperatur ist wichtig. Jetzt werden Falten geglättet, andere, geplante, hineingebügelt.
Langsam stapelt sich ein geordneter Haufen, liegt Leiberl auf Leiberl und Hose auf Hose.
Und wieder heißt es, Zeit und Platz einräumen, damit die Wäsche ausdünsten kann. Wieder am alten Platz im Kasten, wartet sie auf ihre Verwendung.
Zweimal im Jahr sortiere ich auch aus. Da wird manches zum

Putzfetzen zerschnitten, es landet das eine oder andere Stück bei der Altkleidersammlung oder in meinem Kasten zum Malen. Hin und wieder sitze ich auch nur da und betrachte meine Fleckerlteppiche am Boden. Sie waren auch einmal Kleidungsstücke …

In diesem Wäschekreislauf finde ich mein ganzes Leben wieder. Ich selbst als Wäschestück, ja eigentlich als ein ganzer Korb voller Wäsche, ge- und manchmal auch verbraucht, müde, alt und stinksauer vielleicht. Dann und wann wird es einfach Zeit auszusortieren, alles genau anzuschauen, in die Hand zu nehmen – ich werde in die Hand genommen, sortiert und gewaschen. So wie es not-wendig ist. Hinausgehängt und ausgeliefert, aber fest verbunden an der Wäscheleine Gottes. Oder am warmen Ofen ein Plätzchen, um nicht zu erfrieren und zu erstarren.
Unzählige Male war ich nach einem solchen Gefühl von In-der-Luft-hängen wirklich zerknittert und durcheinander. Bügelwäsche bleibt auch oft tagelang liegen, bis wirklich Zeit ist, ans Werk zu gehen. Mein zerknittertes Durcheinander braucht nicht selten eben diese Zeit. Auch, um mir das Geschehene wirklich klar werden zu lassen. Erfahrungen sammeln aus dem Erlebten. Das ist Bügelwäschezeit!
Waschen, trocknen und bügeln – drei Falten, gelegt vom lieben Gott, damit ich wieder angezogen von ihm ein Stück leben und gehen kann. Lebendige Be-*weg*-ung. Es duftet nach Gottes Arbeit an mir. Ein Hauch seiner Wirklichkeit …

Heiliger und Narr

Die Geschichte ist ein Menschenleben her. Damals standen die Beichtstühle in den Kirchen noch mit offenen Seitenteilen. Der Platz des Priesters war bis zur Hälfte eine geschmückte Holztür, das Oberteil durch einen roten oder violetten Vorhang verschlossen. So war es jedenfalls zu jener Zeit in einer ganz bestimmten Dorfkirche gewesen.

Und dieses Dorf hatte seit Tagen nur noch ein Gesprächsthema: den Michl vom Erbhofbauern.

Der Lausbub war gerade sechs Jahre alt und sollte im Herbst in die Schule kommen. Eigentlich war er ja bis vor kurzem ein Kind wie jedes andere gewesen. Aber in den letzten Tagen …

Zuerst haben nur die Frauen aus der Frühmesse geflüstert, dann haben es die Männer ins Gasthaus getragen, beim Kaufmann wurde diskutiert. Schließlich wollten es alle mit eigenen Augen einmal sehen. Und es stimmte tatsächlich: Der Michl stapfte gleich nach der Frühmesse zur Kirche hinauf, wartete geduldig, daß ein Erwachsener das schwere Tor öffnete, ging hinein ins Gotteshaus und setzte sich ruhig nahe dem Beichtstuhl in eine Bank. Fast den ganzen Vormittag verbrachte der Bub dort still und andächtig.

Gegen Mittag stemmte er sich schließlich mit ganzer Kraft gegen das Tor, schlüpfte heraus und rannte heim. Kein Wort sagte er selber dazu. Auch seinen Spielgefährten vom Nachmittag nicht.

„Frag doch den Michl, was er jeden Vormittag in der Kirche tut“, hatten die Eltern aufgetragen.

Aber Michl sagte nichts, und den Kindern war es nicht wichtig. Sie gingen lieber in den Wald zum Indianerspiel. Und da war der Michl so wie immer.

Nach einer Woche warteten die Neugierigen vergebens auf den Buben. Zuerst zumindest. Denn plötzlich kam Michl nach dem Mittagessen daher. Wieder spielte sich die gleiche Szene ab. Michl saß still und andächtig in der Kirchenbank nahe dem Beichtstuhl. Stundenlang.
Die Mutter fragte nichts. Sie strich ihrem Buben nur viel öfter liebevoll über den Kopf und steckte ihm heimlich ein Keks zu.
Michl wunderte sich zwar, aber was sollte er deshalb fragen?
Auch der Vater hatte keine Frage, er schaute das Kind nur manchmal lange verwundert an.
Das Spiel der Kinder hatte sich einfach auf den Vormittag verlagert. Noch waren ja Ferien.
Gewitter und Regenwetter konnten den Michl von seinem Weg nicht abhalten. Jetzt war sich das Dorf sicher: Michl ist ein Heiliger!
Der Pfarrer schüttelte nur den Kopf und sagte gar nichts. Er wußte nicht so recht, was er davon halten sollte. Außerdem stand sein Urlaub bevor. Danach wollte er weitersehen. Dem Jesuitenpater, der zur Aushilfe gekommen war, erzählte er nur kurz vom Michl.
„Wenn ich zurückkomme, dann red' ich einmal mit dem Buben. Aber vielleicht ist dann eh schon alles von selber wieder vorbei …"
Der Pater nickte, der Pfarrer fuhr auf Urlaub und Michl war weiterhin jeden Tag einige Stunden in der Kirche. Jetzt wechselte er die Zeiten seiner Andacht. Da kam er in der Früh, dann am späten Nachmittag, auch gleich nach dem Mittagessen …
Die Erwachsenen lächelten ihm zu, flüsterten ihm nach, Michl schien das alles nicht wichtig zu sein. Gute drei Wochen waren vergangen.
Eines Tages nun saß der Bub wie gewohnt auf seinem Platz neben

dem Beichtstuhl. Hatte sich der Vorhang etwas bewegt?
Michl stutzte.
Er traute seinen Augen nicht! Sollte da …
Michl stand auf, ging nahe an den Beichtstuhl heran und horchte. Ja, da war jemand! Endlich!
Michl wartete einige Minuten. Aber nichts geschah. Jetzt reichte es dem Buben. Er griff nach dem Vorhang und riß ihn auf.
Eine Schrecksekunde lang starrten sie einander an: der schwarzgewandete Jesuit und der kleine Michl.
Dann stand der Pater auf, wollte aus dem Beichtstuhl herauskommen. Im gleichen Augenblick ließ Michl den Vorhang los und rannte mit einem gellenden Schrei aus der Kirche.
Er raste brüllend an den völlig geschockten Erwachsenen vorbei – mit wild rudernden Armen und angstweiten Augen. Zu Hause stürmte er in seine Kammer, verriegelte die Tür, warf sich atemlos aufs Bett und weinte jämmerlich.
Kein Wort war aus ihm herauszubringen. Er wollte nicht mehr in die Kirche gehen. Am Sonntag tobte und schrie er. Auch mit den Eltern wollte er keinen Schritt mehr in dieses Gebäude tun.
„Jetzt ist er verrückt geworden“, flüsterten die Leute.
Bedauernde Gesichter folgten der Familie beim Kirchgang.
„Einen Arzt sollten sie holen!“ sagten die einen.
„Einen Exorzisten brauchen sie!“ sagten die anderen.

„‚Der Bub kommt zu mir auf die Alm!‘ sagte damals mein Großvater. Dann hat er kurzentschlossen ein paar Sachen von mir zusammengepackt und hat mich mitgenommen.“ Der alte Michl schmunzelte, und seine Augen blitzten vor Vergnügen.
„So bin ich in einem Sommer Heiliger und Narr geworden!“ Stolz lag in seiner Stimme.
„Und der Hintergrund?“ fragte ich nervgebündelt.

„Der Großvater hat eine ganze Weile gebraucht, um mich zum Reden zu bringen. Ich habe mich so geschämt. Bin mir so dumm vorgekommen. Und Angst hatte ich auch noch immer. Aber auf der Alm war das Dorf und vor allem die Kirche so weit weg. Großvater hatte viel Geduld. Er bohrte nicht wie die anderen, er verlangte nichts, er ließ mir einfach Zeit…"
„Michl, bitte, mach mich nicht verrückt!" unterbrach ich ihn.
Michl lachte: „Ja, gell, das geht schnell!"
Dann zündete er sich genüßlich eine Pfeife an, die er schon die längste Zeit gestopft hatte. Wieder schaute er mich lachfaltig an und erzählte schließlich weiter:
„Es war eine ganz einfache Geschichte dahinter: Im Frühling waren Gaukler im Dorf gewesen und ich hatte das erste Mal ein Kasperltheater erlebt. Dann war mir plötzlich der Beichtstuhl in der Kirche zum ersten Mal wirklich aufgefallen. Der Vorhang, die Tür… ich dachte, da ist auch ein Kasperltheater drinnen.
Irgendwann mußte eine Vorstellung stattfinden! Und die wollte ich unbedingt sehen! Einmal ganz allein und nur für mich. Ich wollte den Kasperl auch allerhand fragen. Er war ja so mutig. Vor allem wollte ich wissen, wo die Krokodile leben, ob dieses Krokodilland gleich hinter seinem Theater sei und vieles mehr. Ich ging also vormittags hin, denn das Gauklertheater für uns Kinder war auch am Vormittag gewesen. Da passierte aber nichts. Also nachmittags. Vielleicht war der Wochentag nicht der richtige. Und fragen konnte ich niemanden, wollte ich den Kasperl einmal unter vier Augen sprechen!" Michl kicherte genüßlich in seine Pfeife. Ich ließ das verzückt flüsternde Dorf Revue passieren und lachte ebenfalls schelmisch.
Dann erzählte der Alte weiter: „Ich hatte nicht mitbekommen, daß unser Pfarrer auf Urlaub gefahren war, und den Pater hatte ich noch nie gesehen. Als ich nun den Vorhang aufmachte, saß

da ein großer, fremder Mann, ganz schwarz angezogen. Alles hatte ich erwartet: den Räuberhauptmann, das Krokodil ... aber keinen großen Fremden in Schwarz! Deshalb bin ich schreiend davongerannt. Ich hatte panische Angst, daß er mir nachrennt. Und dann hab' ich mich geschämt und ganz einfach nicht mehr ausgekannt. Ich war so froh, auf der Alm zu sein. Der Großvater ist dann ins Dorf hinunter und hat den Leuten den Kopf zurechtgerückt."

Ich merkte, daß da noch etwas kommen sollte, und wartete – diesmal geduldig.

Michl schaute seinem Rauch nach, lehnte sich wissend zurück: „Alles wäre überstanden gewesen, wenn ich nicht ein Beichtstuhltrauma gehabt hätte. Ein Jahr später war ja Erstkommunion und wir Kinder sollten zu unserer ersten Beichte. Da war dann bei mir der Ofen aus! Nichts und niemand brachte mich an den Beichtstuhl heran, geschweige denn hinein.

Der Großvater ist schließlich zum Pfarrer gegangen. Es seien zuerst die Fetzen geflogen in der Pfarrstube, haben die Leute erzählt. Aber dann gab es eine Lösung – lange noch vor dem Konzil: ein Beichtgespräch in der Stube."

„Hat sich das irgendwann wieder gelegt – ich meine, deine Angst vor dem Beichtstuhl?" fragte ich.

Michl lachte: „Ja, weißt du, ich habe mir gedacht, jetzt bin ich über achtzig und weiß immer noch nicht, wie das ist, so eine Beichte mit dem Kasperltheater. Jetzt wäre ich neugierig drauf ..."

Ich überlegte gerade, ob er das jetzt ernst meinte, da fügte Michl noch an: „Aber natürlich nur mit einem großen, fremden Jesuiten ..."

„Ich weiß: im schwarzen Rock!" lachte ich.

Gespräch unter Freunden

Ich trau' mich nicht!
   Das traue ich dir zu.
Ich trau' mir nicht!
   Auf dich vertraue ich.
Ich habe verloren!
   Dich habe ich gewonnen.
Ich habe mich verloren!
   Dich habe ich gefunden.
Ich will nicht mehr nachdenken!
   Deinem Denken gehe ich nach.
Ich kann nicht mehr denken.
   An dich will ich immer denken.

Es war alles vergebens …
   Ich gebe dir meine Freundschaft.
Kannst du mir vergeben …
   Ich schenke dir meine Freundschaft.
Das ist eine Zumutung …
   Ich brauche allen Mut dazu.
Den Mut habe ich nicht …
   Ich vertraue auf dich.
Ich trau' mich nicht …
   Ich traue dir das zu.

Die Ameisen

„Der Benjamin taugt zu nichts!“ ärgerte sich Hans. Sein Jüngster wollte einfach nicht funktionieren. Zwei linke Hände – oder waren es die Träumereien … Prügel hatten nichts gebracht, Zureden half nichts, und auch die Hoffnung, daß er eben älter und gescheiter werden sollte, schwand von Tag zu Tag.

Die Mutter nahm den Buben meist in Schutz. Doch langsam zweifelte auch sie, daß aus ihm noch etwas Gescheites werden konnte.

Benjamin wurde immer stiller. Er verkroch sich hinter seinen Büchern, malte und schrieb Gedichte. Wie sehr er sich auch bemühte, es gab einfach so vieles, das ihn von der Arbeit ablenkte. Hin und wieder schämte er sich sogar dafür. Aber das hielt nicht lange. Viel wichtigere Gedanken kamen ihm in den Kopf und verdrängten das Schamgefühl schnell wieder.

„Entschuldigung!“ wurde sein geflügeltes Wort.

Nur, welche Schuld hatte er? Er hatte nichts zu bereuen. Aber die anderen ließen ihm dann meistens eine Verschnaufpause. Bald dachte er auch darüber nicht mehr nach. Er sagte einfach: „Entschuldigung!“, weil es die anderen von ihm erwarteten, weil sich das so gehört, weil das irgendwie Frieden machte.

Benjamin war zu nichts zu gebrauchen. Aber Benjamin war ein höflicher Mensch. Er hatte gute Manieren und konnte gut zuhören, wenn er nicht gerade träumte.

„Laß ihn einen Sommer zu uns auf den Bauernhof kommen zum Arbeiten. Mein Ernst ist ein richtiges Arbeitstier, und die beiden sind gleich alt. Da wird er schon munter!“ meinte Georg zu Hans.

Hans träumte von seinem Sohn Benjamin: schweißglänzend bei der Feldarbeit, fleißig und geschickt … Hans nickte zustimmend.

Benjamin fuhr mit Georg. Er träumte von ländlicher Idylle und verstand sich sofort mit Ernst. Staunend ließ er sich alles zeigen. Die beiden steckten ständig beisammen. Ernst tat die Stallarbeit wie bisher. Aber Benjamin erzählte ihm dabei spannende Geschichten. Es war so viel kurzweiliger.
Ernst mußte mit der Mistkarre ausweichen, weil Benjamin im Weg stand.
„Entschuldigung!“ sagte Benjamin sofort.
„Wofür entschuldigst du dich eigentlich dauernd?“ fragte Ernst.
„Ich habe dir doch den Weg verstellt!“
„Na und? Ist das Schuld?“ Ernst kippte seine Last auf den Misthaufen und kam zurück.
„Ich glaube, *du entschuldigst dich, daß du überhaupt da bist!*“
Er maß Benjamin fragend und griff nach der Mistgabel.
„Irgendwo mußt du ja stehen, oder? Du brauchst doch nur auszuweichen, wenn ich komme. Ohne Theater!“ sagte Ernst und schüttelte den Kopf. „Ich verstehe nicht, was das mit Schuld zu tun hat. Gewöhn dir das ab!“
Benjamin konnte nichts mehr sagen. Er mußte darüber nachdenken.

Am Abend lagen sie beide im Heu und schauten in die Sterne.
„Jetzt beginnt der Ernst des Lebens“, sagte Benjamin plötzlich.
„Was ist los?“ fragte Ernst und setzte sich auf.
Sein Freund lachte prustend los: „Der *Ernst* des Lebens! Das klingt jetzt ganz anders …“
Ernst kicherte auch und ließ sich wieder zurück ins Heu fallen.
„Wer sagt denn so etwas?“
„Mein Vater!“
Die beiden lachten Tränen.
„Ja, ja, die alten Weisheiten …“ setzte Ernst wissend an.

„Weisheiten ist gut! Sprüche sind das, nichts als Sprüche!" konterte der Freund.
„Klingt eigentlich so, als dürfte das Leben keinen Spaß mehr machen", überlegte Ernst weiter.
„Muß so sein. Denn es heißt ja auch: Zuerst die Arbeit, dann das Vergnügen!" nickte Benjamin.
„Also, Herr Professor!" Ernst setzte sich wieder auf. „Wenn Arbeit Vergnügen macht, ist es keine Arbeit mehr!"
„Genau, Herr Kollege!" nickte Benjamin heftig und setzte sich nun auch auf.
Mit erhobenem Zeigefinger dozierte er weiter: „Schließlich mußt du im Schweiße deines Angesichts dein Brot verdienen, und da vergeht dir das Lachen dann schon! Zähne zusammenbeißen und durchhalten!"
„Nur die Harten kommen durch!" rief Ernst die neue Parole aus.
„Also rekapitulieren wir, mein Lieber: Was Vergnügen macht, ist keine Arbeit, und macht Arbeit Vergnügen, dann ist sie keine mehr!" Benjamin horchte seinen eigenen Worten nach.
„Oder so ähnlich", sagte Ernst nachdenklich.
„Und wenn du Freude hast, dann lebst du nicht. Also knirsche mit den Zähnen und lache nicht!" Benjamin stand auf und stellte sich breitspurig vor Ernst hin.
„Das Leben ist kein Honigschlecken!"
Ernst schaute den Freund treuherzig an: „Ich mag aber Honig! Und außerdem ist Honig gesund!"
Benjamin ließ sich ins Heu fallen: „Du bist nicht lebensfähig, lieber Freund. Es wird ein schlimmes Ende mit dir nehmen."
„Das mag schon sein! Aber dann …"
„Was dann?" fragte Benjamin mit großen Augen.
„Also dann, lieber Professor!" Ernst stand jetzt auf und warf seinen Kopf theatralisch zurück: „Also dann beginnt das Paradies.

Und wie sollte ich da leben können, wenn ich nicht genießen gelernt habe?"
Benjamin nickte wichtig: „Das stimmt. Das gibt dann – ganz wissenschaftlich – einen Jenseitsschock."
„Genau! Also heißt die Devise wie?" Ernst zeigte mit strengem Lehrerblick auf Benjamin.
Der sprang auf, verschränkte die Hände auf dem Rücken, verneigte sich kurz und sagte: *„Im Leben genießen lernen, um im Paradies leben zu können!"*
„Sehr gut, setzen!"
Beide fielen wieder ins Heu zurück und lachten. Dann wurden sie ganz still und schauten noch eine Weile in den Sternenhimmel. Schließlich stiegen sie vom Heuboden, nachdem sie die Luke wieder geschlossen hatten, und gingen zu Bett.

Das Heu sollte eingefahren werden. Benjamins Eltern waren übers Wochenende gekommen. Der braungebrannte Sohn hatte kaum Zeit für sie. Hans und Rosa schauten sich wissend an. Es war also eine gute Idee gewesen! Benjamin war so verändert. Selbstsicher. Seine Manieren waren nicht mehr die besten. Aber darüber konnte man erst einmal hinwegsehen.
Benjamin stand an jenem Feldarbeitstag in der Tür. Sein Vater kam von hinten und wollte hinaus. Er drängte sich am Sohn vorbei.
„Willst du dich nicht entschuldigen?" fragte er.
„Nein, wofür?" fragte Benjamin zurück, nahm seine Heugabel und ging.
Hans stand fassungslos da: „Hast du das gehört?"
Rosa nickte und lächelte weise.
„Das wird wieder aufhören!" sagte Hans mit bestimmtem Ton.
Dann griff auch er zur Heugabel, Rosa nahm einen Rechen, der

an der Hauswand lehnte, und sie gingen auch aufs Feld gleich hinter dem Bauernhof.
Plötzlich zogen schwere Gewitterwolken auf. Der Wind heulte los.
„Wir müssen uns beeilen!“ schrie Georg.
Bleischwer hing der Himmel bis auf den Boden. Alle arbeiteten aus Leibeskräften. Der Wettlauf gegen das Wetter mußte einfach gewonnen werden!
Georg traute seinen Augen nicht. Hatte er geglaubt, *alle* seien an der Arbeit? Aber da mußte etwas passiert sein, sonst ...
Er ließ seinen Rechen fallen und rannte über die Heuhaufen.
Mitten auf dem Feld knieten Benjamin und Ernst und starrten auf den Boden.
Georg kam atemlos an, warf sich ebenfalls auf die Knie: „Buben, ist etwas passiert?“
„Vorsicht!“ rief Ernst erschrocken. „Du fällst sonst direkt auf sie!“
Georg schaute verständnislos seinen Sohn an und starrte dann ungläubig auf den Erdboden.
„Schau, diese tolle Ameisenstraße!“ Benjamin strahlte übers ganze Gesicht.
Mitten im Feld war ein kleiner Trampelpfad. Ameisen rannten aufgeregt hin und her.
„Wo wohl ihr Haufen ist?“ fragte Ernst und schaute sich suchend um.
„Vielleicht da drüben am Waldrand!“ Benjamin richtete sich auf.
Jetzt hatte Georg seine Schrecksekunden überstanden. Er sprang auf, sein Gesicht färbte sich rot: „Was glaubt ihr eigentlich! Jeden Moment regnet es und ihr – ihr habt nichts Besseres zu tun, als hier idiotischen Ameisen zuzuschauen! Und ich hatte schon geglaubt, es ist was passiert! Sofort, geht ihr an die Arbeit! Alle beide!“ Er ballte seine Fäuste und grollte die beiden an.

Die Buben rannten zurück zum Heuwagen und luden mit auf.
„Suchen wir morgen den Ameisenhaufen?“ schrie Benjamin gegen den Wind.
„Ja, klar!“ brüllte Ernst zurück.
„Jetzt spinnt der auch noch!“ wütete Georg zu Hans.
„Wir schaffen es noch!“ rief Rosa ihrer Freundin Marie zu.
Die ersten Tropfen prasselten nieder, als der Heuwagen über die Tenne fuhr.

Ernst wurde Bauer.
Benjamin wurde Schriftsteller, nachdem er sein Theologiestudium an den Nagel gehängt hatte.
Hans und Rosa, Georg und Marie wurden alt.
Nur Träumer können Träume verwirklichen …

Motiv-Aktion

Vaduz. Das Hotel über der Stadt, ja über dem ganzen Land eigentlich. Vom Balkon aus der Blick auf das Schloß. Das Wetter versprach aufzuklaren, und ich hatte zwischen Vorträgen und Seminar einen freien Tag. Ich wollte mich entspannen.

Mit der Kamera in der Hand wurden auch meine Gedanken immer ganz still. Ich war nur noch Auge, staunte durchs Objektiv, versank in dieses eine Bild, das ich mir aus der Fülle herausholte. Irgendwie kam ich mir das erste Mal richtig touristisch vor: von einem Hotel aus mit umgehängter Kamera auf Motivsuche. Die Neugier im Auge, den Apparat schußbereit.

An der Straßenecke standen sie, die Kollegen, und knipsten die Burg längs und quer, im Stehen, Knien und aufs Autodach gestützt. Ich wollte nur meinen Zimmerschlüssel zur Rezeption im Nebenhaus bringen. Und dann … Aber so weit kam ich nicht mehr! Vor dem Haus war er: der schönste Kanaldeckel der Welt! Ich blieb stehen, ging einen Schritt zurück, zur Seite – das Licht spielte verschiedene Tiefen. Ein welkes Blatt lag wie hingehaucht über dem Wabenmuster. Den Blick fixiert, steckte ich meinen Zimmerschlüssel in die Fototasche und holte die Kamera heraus. Dann schaute ich mir meine Entdeckung genauer an. Der Kanaldeckel zeigte sich unverschämt, spielte das Lichtspiel mit. Ich war total versunken.

Plötzlich tippte mir jemand auf die Schulter und sagte hinter mir: „Haben Sie etwas verloren?"

Ich schreckte kurz aus meiner Betrachtung auf: „Nein, danke!"

Der Mann blieb stehen und musterte mich offensichtlich.

„Kann ich Ihnen wirklich nicht helfen?"

Jetzt wurde er lästig!

„Nein danke! Ich fotografiere nur den Kanaldeckel", sagte ich unwillig.
„Was machen Sie da?" fragte er ungläubig.
Jetzt schaute ich ihn an. Es sollte kein Mißverständnis geben: „Bitte gehen Sie mir aus dem Licht! Ich will diesen Kanaldeckel fotografieren!"
Er trat fast andächtig einen Schritt zurück und blieb dann wie angewurzelt stehen.
Ich kehrte zum Objekt meiner Begierde zurück.
Diese klaren Linien, dieses alte Blatt mit seinem Schwung. Unwillkürlich begann ich ein Lied zu summen und zoomte vor und zurück.
Irgendwo ganz weit hinter mir hörte ich wie aus einer anderen Welt: „Hat jemand etwas verloren?"
„Nein, die fotografiert den Kanaldeckel!"
„Was macht sie da?"
„Ja, sie fotografiert den Kanaldeckel!"
Jetzt noch einmal von dieser Seite – ohne Blatt …
Eine Frauenstimme kam aus dem Nebel hinter mir: „Ist etwas passiert?"
Schweigen.
„Was ist denn da los?" Die Stimme gab nicht auf.
Der Bariton von vorhin sagte fast flüsternd: „Sie fotografiert."
„Den Kanaldeckel!" ergänzte mein Gesprächspartner sofort.
„Schlüssel verloren?" kam der Hotelportier näher.
Ich wußte schon, ich konnte ruhig weiterarbeiten. Die Antwort war ein dreistimmiger Chor:
„Sie fotografiert den Kanaldeckel!"
Verhalten, fast leise, mit einem Hauch von Geheimnis kam die Erklärung aus meinem Rücken. Jetzt hatten sich die Nebel gelichtet. Die Menschen standen knapp hinter mir.

„Willkommen im Club!“ flüsterte ich dem Kanaldeckel zu und lachte in meine Brennweite hinein.
Zwanzig Bilder, und eine halbe Stunde später war die Gruppe auf sieben Menschen angewachsen.
„Ein herrliches Motiv!“ sagte ich lächelnd und steckte meine Kamera wieder in die Tasche.
Der Mann der ersten Minute war noch immer da. Er hatte seine Fassung auch als erster wiedergefunden:
„Wenn Sie die Straße ein Stück vorgehen, dann haben Sie einen tollen Blick auf das Schloß!“
„Danke, aber das interessiert mich nicht. Kein Motiv!“
Jetzt schüttelten alle verständnislos die Köpfe. Ich bückte mich noch einmal, hob das braune Blatt von ‚meinem‘ Kanaldeckel und legte es in die Äste eines Strauches gleich daneben. Ich wollte nicht, daß es niedergefahren wird. Es sollte einfach verrotten zwischen den Zweigen.
„Auf Wiedersehen“, sagte ich zu meinem Publikum und schlenderte eine kleine Gasse hinunter.
Sehr freundliche Menschen, die Vaduzer! ...

Das Lied des Orpheus

Der Tag hatte es wieder in sich gehabt. Den ganzen Vormittag war ich in einem Gymnasium eingeladen gewesen. Wie so oft, war die Diskussion nach meinem Vortrag vom Thema Krankheit zum Glauben und von da zur Kirche – zur katholischen – und den heutigen Zuständen gekommen.
Die Jugendlichen kritisierten heftig und voller Leidenschaft.
Für mich ist gerade das so wertvoll: Sie zeigen mir damit, daß ihnen die alte Kirche nicht egal geworden ist. Freilich hätte ich gerne weniger oft zugestimmt. Aber was da an Vorwürfen kommt, ist halt nicht so einfach vom Tisch zu wischen. Auch ich tu' mich derzeit sehr schwer und erlebe so viele Schläge.
Ich ließ ehrlich meine Verletzungen und auch meine Hilflosigkeit zu. Aber nicht ohne ein *Trotzdem*. Ich liebe diese Kirche trotzdem. Ich bleibe katholisch – trotzdem. Immer wieder kam ein Aber. Ich setzte mein Trotzdem dagegen – oder besser: dazu! Denn im Trotzdem wird nicht Feindschaft, sondern Freundschaft aufgebaut. Mit etwas umgehen und nicht gegen etwas sein.
„Diese Fundis haben keine Spur Gottvertrauen! Die rudern nicht zum Fischen hinaus. Die nehmen die Ruder und erschlagen damit Menschen."
Dieses Bild eines Schülers griff sofort um sich.
„Sie holen niemanden ins Boot! Im Gegenteil: da werden nur welche hinausgestoßen! Und das alles im Namen Gottes, dem sie nicht einen Zentimeter mehr überlassen. Wenn Gott dem Katechismus nicht entspricht, dann ist er eh schon exkommuniziert!" rief ein zweiter Schüler.
Ich hatte das Gefühl, es tat ihnen einfach einmal gut, daß ihnen niemand den Mund verbot und sie sich Luft machen konnten.

Und da war ein grausam bohrender Schmerz hochgekommen! Gott, Glauben und Kirchengeschichte trennten wir schließlich mühsam und versuchten zarte Fäden zu verbinden. Die Emotionen legten sich langsam etwas und das Trotzdem konnte hoffnungsvoll Platz greifen.
„*Hoffnung ist Leidenschaft für das Mögliche*“, sagte ich noch. „Setzt zu jedem Kritikpunkt ein leidenschaftliches Trotzdem. Es ist möglich! Legt eure Ruder nieder und geht übers Wasser!“
„Ein frommer Spruch!“ sagte ein Schüler kopfschüttelnd.
„Nein, Gottvertrauen!“ sagte ich und verabschiedete mich schließlich.
Zu Hause merkte ich, wie müde ich war. Auch ich spürte den Schmerz ganz tief in mir.
Die Tempelreinigung kam mir in den Sinn. Mein Gott, warum nur? Aber ich war zu müde. Ich wollte nicht mehr länger nachdenken. Der Sturm in mir mußte wieder einmal zur Ruhe kommen!
Ich duschte lange und ausgiebig, dann legte ich mich hin und schaute mir einen meiner Lieblingsfilme an: Orpheu Negro.
Plötzlich brach aber einc andere Geschichte herein. Ich hatte sie nur einmal gelesen. Schon vor langer Zeit. Und nie mehr daran gedacht. Aber genau sie war das Bild, das jetzt not-wendig geworden war – und ist!

Unsere Kirche war noch jugendlich-pubertierend, als Clemens von Alexandria sie und ihre Aufgabe so treffend beschrieb:
Clemens erzählt vom neuen Orpheus Christus, der in die Tiefen der Seelengründe und Unterwelten hinabsteigt, um Euridicae, die Menschheit, zu befreien. Christus gelingt, was dem griechischen Orpheus nicht gelingen konnte.
Weil Christus sich eine ganz besondere Leier, die Kirche, baut.

Um sie spielen zu können, muß sie sehr zart und fühlend gestimmt werden. Und nur ein Plättchen bringt ihren vollen Klang zum Tragen. Dieses Plättchen ist der Heilige Geist in der Hand des neuen Orpheus, der diese Leier zupft.
Befreien allerdings kann der Sänger die geliebte Euridicae nur, wenn er Lieder des Lachens, der erlösten Hoffnung und der Auferstehung singt!
Christus, der neue Orpheus, spielt auf seiner Leier Kirche mit dem Plättchen des Heiligen Geistes und singt, um die Menschheit Euridicae zu befreien.
Seine Lieder des Lachens holen sie aus der Angst.

Ich werde bei der nächsten Schülerdiskussion vom alten Kirchenlehrer Clemens erzählen …

Kopfbahnhof

Strahlendes Frühlingswetter. Sonntag in der Stadt. Kaum Autos, wenige Menschen unterwegs. Da und dort ein paar Schaufensterbummler, Spaziergänger und Kinderwagenschieber.
Eine ältere Dame promeniert die lange Hauptstraße entlang. Weiße Rüschenbluse unter altrosa Kostüm, passendes Netzhütchen, passende Schuhe und genau abgestimmte Tasche am angewinkelten Arm. Sie trägt den Kopf erhoben, ihr Schritt ist langsam, würdevoll. Eine unnahbare Erscheinung.
Aus der anderen Richtung kommt ein junger Mann auf der gleichen Straßenseite dahergeschlendert. Verwegen gefärbte Haare leuchten grün, rosa und wasserstoffweiß in alle erdenklichen Richtungen. Die Wangen blähen sich unter einem dunklen Dreitagebart zu einer gepfiffenen Melodie. Sein T-Shirt dürfte in verschiedene Farbtöpfe gefallen sein und erzählt jetzt seiner Brust vom Frühling. Die Jeans sind modisch zerschnitten und ausgefranst, ganz passend zu den Globetrotters-Turnschuhen. Ihr Blick zeigt mindestens eine Erdumrundung.
Die beiden kommen aufeinander zu.
Unaufhaltsam.
Das Undenkbare passiert. Es muß einfach passieren!
„Wo ist denn hier der Bahnhof?“ fragt der junge Mann die ältere Dame.
Sie bleibt wie angewurzelt stehen, eine Schrecksekunde lang starrt sie fassungslos diese Erscheinung vor sich an. Dann tritt sie einen Schritt zurück – und noch einen. Sie läßt den Blick nicht ab. Sie saugt sichtlich den Ekel ein, um ihn dann herauszuwürgen.
„Junger Mann!“ sagt sie mit fast übermenschlicher Beherrschung.

Doch dann beginnt ihre Stimme zu beben und der Ton wird etwas schrill:
„Was glauben Sie eigentlich! Gehen Sie erst einmal nach Hause, waschen Sie sich, kämmen Sie sich ordentlich und ziehen Sie sich vor allem sauber an! Und wenn Sie schon auf der Straße jemanden ansprechen, dann sagen Sie: ‚Entschuldigen Sie, darf ich etwas fragen?' Dann kann ich ihnen auch sagen, wo der Bahnhof ist! Aber so geht das nicht. So nicht!"
Sie erhebt kurz den Zeigefinger, schüttelt heftig den Kopf und wechselt die Straßenseite.
Der junge Mann steht mit offenem Mund da, schaut an sich herab, zuckt die Achseln und schüttelt ebenfalls den Kopf.
„Jetzt weiß ich immer noch nicht, wo der Bahnhof ist", murmelt er. Er schaut seiner Begegnung noch eine Weile nach. Sie hat ihre Beherrschung wiedergefunden und wandelt gemessenen Schritts weiter. Seine Wangen blähen sich wieder. Eine neue Melodie pfeift sich ein, und er schlendert weiter. Auf seiner Straßenseite, in seine Richtung …

Wenn Moralisten und Schriftgelehrte dem Leben begegnen und von ihm angesprochen werden, dann kommt mir diese Begebenheit in den Sinn. Nur unter bestimmten Voraussetzungen, mit bestimmten Formeln, unter bestimmten Bedingungen bin ich einer Antwort überhaupt würdig.
Woher sie diese Unnahbarkeit nehmen, weiß ich nicht.
Von Gott jedenfalls nicht!

Am Kopfbahnhof können die Züge nicht mehr weiterfahren. Da geht es nur noch zurück.
Am Kopfbahnhof muß ich aussteigen, will ich nicht verschoben werden zur Retourfahrt …

Auf den Stationsbahnhöfen des Lebens findet Rast, Richtungswechsel und Begegnung statt. Die Fahrt geht aber weiter. Diese Bahnhöfe liegen nicht nur an Hauptrouten und sind auch nicht nur verwirrend riesig.
Dort höre ich den Bahnhofsvorstand nicht verzerrt-blechern über Lautsprecher. Ich sehe ihn auf dem Bahnsteig stehen …
Ob die alte Dame jemals wirklich jung war?

Eine Zeitlang kann ich einen alten Mantel flicken, wenden, ausbessern. Aber irgendwann wird er einfach die Kälte nicht mehr abhalten. Und bevor ich erfrieren muß, sollte ich mir einen neuen Mantel anlegen.
Dieses Rezept empfahl schon die hl. Mechthild von Magdeburg der Kirche:
„Die Braut braucht einen neuen Mantel, denn der alte ist kalt und wärmt nicht mehr!“

Für die Reise mit dem Leben einpacken: einen guten, neuen Mantel!

Liturgiereform

Tina war auf einer Hochzeit gewesen. Jetzt stürmte sie in mein Zimmer. Atemlos noch und aufgeregt kam ihre erste Meldung: „Der Pfarrer war total komisch! Da hat er gebetet: ‚*Guter* Gott!' Gibt's denn einen schlechten auch?"

Bevor ich überhaupt noch recht wußte, wie mir geschah, war das Kind aber schon bei der weiteren Erzählung. Tina hatte eigentlich gar nicht wirklich eine Frage gestellt, sondern eine Feststellung ausgesprochen. Aber mich beschäftigten Tinas Worte weiter.

Als wir einander das nächste Mal sahen, fragte ich sie: „Kannst du dich noch erinnern, wie dich das Gebet vom Pfarrer so aufgeregt hat?"

„Du meist das mit dem ‚Guten Gott?' " – sie wußte es sofort.

„Ja, genau! Du sagst doch auch ‚*Lieber* Gott'. Ist das etwas anderes?" wollte ich wissen.

Tina nickte heftig: „Etwas ganz anderes!"

„Wie?" fragte ich.

Tina überlegte lange.

„Das ist nicht so einfach. Ich weiß nicht, wie ich dir das erklären soll. Aber wenn ich zu dir ‚liebe' sage, dann ist das anders als wenn ich ‚gute' sage. Das klingt so komisch. So irgendwie nicht echt."

„Ich habe lange darüber nachgedacht. Gott ist nicht immer lieb. Manchmal komme ich ganz schön ins Schimpfen. Aber auch wenn es total durcheinandergeht, bleibt am Schluß irgend etwas Gutes übrig. Es dauert oft lange, bis ich draufkomme, aber es ist so. Ich bin mir sicher, er hat uns lieb, auch wenn er kratzbürstig ist, hin und wieder, aber er ist immer gut. – Du hast recht, es ist

einfach schwer zu beschreiben", stöhnte ich jetzt auch ein bißchen.
Wir diskutierten weiter. Tinas Mutter meinte schließlich: „‚Gutes Kind' ist so brav. ‚Geliebtes Kind' muß nicht dauernd brav sein. Das muß nicht funktionstüchtig sein, sondern darf eben *dieses* Kind sein."
„‚Guter Gott' hat einen Hauch von Dressurakt. Er darf nur so sein, wie wir ihn uns vorstellen dürfen. ‚Lieber Gott' erzählt von einer Beziehung ..." ergänzte ich.
Tina hatte recht, irgend etwas war da ganz gravierend anders. Das Bauchgefühl dazu ließ sich eben schwer beschreiben.
Spüren wir Erwachsenen eigentlich noch dem nach, was wir sagen?

„Der Herr sei mit euch!" sagte der Priester.
„Wieso?" sagte Simon neben mir.
„Wieso was?" fragte ich.
„Und mit deinem Geiste!" antworteten die Kirchgänger.
„So ein Blödsinn!" sagte der Zehnjährige und ging kopfschüttelnd hinaus.
Ich kannte mich überhaupt nicht mehr aus, stand ebenfalls auf und verließ die Kirche.
Simon saß auf den Stufen vor der Tür und dachte nach.
Ich setzte mich zu ihm. „Wieso was?" wiederholte ich.
„Ist Gott nur zeitweise bei uns?" fragte er zurück.
„Nein, er ist immer da!" antwortete ich.
„Wieso sagt der dann ‚Der Herr *sei* mit euch'?"
„Du hast ganz recht, eigentlich müßte er ja sagen: ‚Der Herr *ist* mit euch'!"
„Mit *uns*!" korrigierte mich Simon erbarmungslos.
„Die Gemeinde antwortet ja, ‚und mit deinem Geist!' " sagte ich.

„Wieso nur mit seinem Geist? Ist er sonst nicht da?“ Simon war ärgerlich geworden.
„Das ist ein Ritual. Wahrscheinlich macht sich darüber niemand mehr Gedanken.“
„Ich schon! Und die sollten es auch! Entweder wissen sie nicht, was sie sagen oder was sie wollen!“ schimpfte er.
„Ich habe darüber auch noch nicht nachgedacht. Aber du hast völlig recht. Es stimmt so nicht“, sagte ich etwas zerknirscht.
Da war ein Gefühl von Beim-Schwindeln-ertappt-worden-Sein.
„Wie sollte es heißen?“ fragte ich nach einer Weile meinen Lehrer.
Simon dachte eine Zeitlang nach. Dann zupfte er einen Grashalm aus, der zwischen den Betonrissen herausgewachsen war, nahm ihn zwischen die Zähne und lehnte sich über die Stufen genüßlich zurück: „Der Herr ist mit uns – ja, er ist mit uns! – Wenn du schon ein Hin und Her brauchst!“ fügte er noch gnädig an.
„Darf ich dich auf ein Eis einladen?“ fragte ich lachend.
Er setzte sich wieder auf und schaute mich verwundert an.
„Als Honorar für die Nachhilfestunde!“ sagte ich.
Er lachte, faßte meine Hand, und wir gingen auf ein Eis.
Simon zwinkerte mir mit strahlenden Augen über den monströsen Eisbecher zu: „Wie ich das so sehe, hat er jetzt etwas zum Lachen!“
„Der liebe Gott?“ fragte ich zur Sicherheit. Man konnte ja nicht wissen … Simon nickte.
„Der sicher!“ bestätigte ich mein Bauchgefühl.

Wetterbericht

Den ganzen Tag über war es drückend schwül gewesen. Die Mücken surrten so unsagbar lästig. Die Sonne erstach aus weißem Himmel jeden Duft der Bergwiesen. Windstille.
In meinen Ohren rauschte der Herzschlag wie über Felsen gepeitschtes Wasser. Die Haut war einfach zu eng. Wie ein nasser Fetzen klebte sie mir den Atem zu. Unerträglicher Sommer!
Ich sollte denken. Aber alles war nur Wüste.
Plötzlich zitterten verbrannte Blätter in der flimmernden Luft. Nur ganz sacht. Die Birke erbebte lautlos im Fenster. Die Mückenschwärme formierten sich aufgeregt. Mitten in den aschweiß verbrannten Himmel bohrte sich eine schwarzgelbe Faust. Sie drehte sich langsam, schraubte hoch und prallte schließlich mit aller Wucht gegen die Sonne, riß sie aus ihrem Glutofen. Mit einem Sturmaufschrei fuhr die Faust schließlich in den Erdboden. Bäume und Gräser warfen sich nieder, Fenster zitterten auf. Blitze entflammten das Blei, Donner knallte in die Fensterrahmen. Dann stürzten Meere herab. Hagel schoß nieder. Der nasse Fetzen trocknete und wurde wieder meine alte Haut. Das Herz kehrte aus den Ohren in die Brust zurück, der Atem befreite sich.
Nach wenigen Minuten lag eine winterweiße Landschaft vor dem Fenster. Und jetzt war es auch schon wieder still. Kein Wind, keine Mücke. Ein klarender Himmel. Weiße Wolken vor seinem wiedergefundenen Blau.
Ich schlüpfte in meine Stiefel und ging durch ein Wirrwarr von Eis, gebrochenen Ästen, grünen Blättern und lehmiger Erde hin zum See. Seine Oberfläche war weiß vom Hagel, viel zu schwer, auch nur eine kleine Welle zu machen. Kein Spiegelbild, kein

Farbenspiel. Ich lehnte mich an einen mächtigen Baum. Sein Blätterdach hatte den Stamm einigermaßen trockenhalten können. Ganz langsam schmolzen die Hagelkörner. Zuerst kaum wahrnehmbar, dann aber immer deutlicher und auch schneller.
Da und dort zeigte sich der blaue Himmel im See wieder. Die Wärme des Wassers tat ihre Wirkung. An manchen Stellen hatte sich der Hagel zusammengeklumpt zu großen Eisbrocken. Aber sie hatten auf Dauer auch keine Chance. Kleiner und kleiner wurde ihr Widerstand. Der See machte alles zu Wasser.
Als der Abend hereinbrach, streichelte ein zarter Wind den See, und der lachte weise, kräuselte seine Lippen und zwinkerte einige Wellen lang.

Wir Menschen sind wie dieses Unwetter. Regen und Hagel. Kleine, zarte Wassertropfen, riesige Schütteimer – punktige oder faustgroße Hagelschloßen, manchesmal sogar noch miteinander verbündet zu Eisschollen. Und dieses Unwetter geht über dem göttlichen Meer der Barmherzigkeit nieder. Donnernd, aufblitzend, rasend in seiner ganzen Gewalt.
Das Meer wird aufgepeitscht. Seine Oberfläche bedeckt, nicht mehr zu sehen. Aber dann beginnt eine andere Kraft zu wirken. Die Kraft des Meeres. Sein Wasser ist warm, es läßt das Eis schmelzen. Hier geht es ganz schnell, dort braucht es etwas länger. Aber kein Eisbrocken bleibt übrig. Alles wird zu Wasser in diesem Meer der Barmherzigkeit.
Gerade so wie an jenem Nachmittag am Bergsee.
Ich hatte die Weisheit des Sees gesehen und für heute viel gelernt …

Die Bettlerin

Sie war noch jung. Aber irgendwie hatte das Leben mit einem erbarmungslosen Würgegriff zugepackt, sie aufgehoben und den Boden unter ihren Füßen verschwinden lassen. Die Straße. Sie beißt zu und läßt nicht so leicht wieder los.
Sie lebte noch – lebte sie eigentlich noch?
Die Straße, noch tiefer konnte es doch nicht gehen! Es ging! Sie drohte, ganz zu versinken, zu verzweifeln. Die Einsamkeit. Keiner da zum Reden. Die Menschen wollten nur schnell vorbei an ihr. Peinliche Berührung. Kein Blick übrig, hin und wieder ein Groschen, hingeworfen, achtlos, mit dem Klang von Scham.
Sie mußte einfach einmal reden, wirklich mit jemandem reden, der auch zuhört, der sie anschaut, der da bleibt, Zeit hat …

Er nimmt sich Zeit. Nicht zwischen Tür und Angel des ehrwürdigen Hauses. Es ist Raum in einem Sprechzimmer. Er hört zu. Läßt sie erzählen, abladen. Er wartet ihre Suche nach Worten ab, läßt sie wachsen in seiner Nähe.
Die Welt ist keine andere geworden, sie ist immer noch eine Bettlerin von der Straße. Aber ihre Würde ist da. Wie ein Grashalm mitten im Asphalt. Sie kann durchatmen, sie lebt auf, ihre Augen sind nicht mehr ganz so matt.

„Kann ich wiederkommen, wenn es mir wieder einmal so schlecht geht?" fragt sie, schon im Weggehen.
„Nein!" sagt er.
Sie horcht auf, schaut ihn ungläubig und fast entsetzt an.
„Kommen Sie doch einmal vorbei, wenn es Ihnen *gut*geht!" sagt er und lächelt.

„Ich erlebe meistens Menschen, denen es gerade schlechtgeht. Ich freue mich schon deshalb besonders auf Besuch, dem es gutgeht!“
Sie strahlt: „Gemacht!“
Er hat sie um etwas gebeten!
Sie kann ihm seinen Wunsch sicher erfüllen.
Irgendwann wird die Straße nicht nur grau sein. Irgendwann passiert auch ihr etwas Schönes. Dann, dann …
Sie schenkt ihm dann einen Besuch!

Frage

Ist deine Welt
nur Fensterscheibe,
die Gott
widerspiegelt
oder
ist deine Welt
der Berührungspunkt
mit Gott?

Geistreiche Firmung

Unser Firmunterricht hatte daraus bestanden, daß wir Katechismustexte auswendig hersagen mußten. Das war zwar mühsam, aber schon gewohnt. Jedenfalls konnten wir mit diesen komplizierten Ausführungen unter erstens, zweitens, drittens nicht viel anfangen. Eigentlich gar nichts.
Also fragten wir die größeren Kinder in der nächsten Klasse. Sie waren ja schon gefirmt, sie mußten es wissen!
Der Bischof sollte kommen. Extra wegen uns. Der Bischof war ein Fabelwesen für mich. Ich hatte noch nie einen gesehen. Die Bilder im Katechismus zeigten ihn immer weit oben über dem „Volk". Er war ganz anders angezogen als alle Menschen, auch anders als der Franziskanerpater, der uns unterrichtete. Ich konnte mir einfach nicht vorstellen, daß ein Mensch wirklich so aussehen konnte. Besonders der komische Hut machte mir Schwierigkeiten …
„Der Bischof ist ein finsterer Geselle, und dann stellt er sich vor jedes Kind hin und haut jedem eine runter!" sagten die Großen.
„Ja, eine richtige Ohrfeige kriegst", bestätigten die anderen vom letzten Jahrgang.
Ich wußte nur zu gut, was eine richtige Ohrfeige war! Ich bekam Angst. Die Älteren machten sich einen Heidenspaß daraus, unsere Angst zu steigern. Sie malten diese Ohrfeige zu einer Prügelstrafe aus. Jedenfalls sah ich das schon vor mir.
„Das stimmt nicht, mein Vater hat gesagt, einen Backenstreich bekommen wir", erzählte ein Mitschüler eines Morgens.
Die Erwachsenen sagen so vieles! Und wie oft hieß es: „Brauchst keine Angst haben, das tut nicht weh!", und dann war es doch sehr schlimm gewesen!

Den Erwachsenen konnte man so etwas nie glauben! Ich jedenfalls nicht.
Der Tag der Firmung kam immer näher. Ich wollte eigentlich schon gar nicht mehr hingehen. Aber ich konnte doch nicht allein als Angsthase dastehen! Und irgendwie war ich auch neugierig.
Daheim war nur von einem „unnötigen Theater“ die Rede, das „nur Geld kostet“.
Ich war still und sagte mir, daß ich schon so viele Ohrfeigen überstanden hätte, da wäre die eine bischöfliche auch noch zu überleben. Die Sache mit dem Heiligen Geist war viel spannender. Wie würde das wohl zu spüren sein?
Endlich war es soweit! Wir wurden noch einmal alle geprüft, gingen im Gänsemarsch zur Schulbeichte, und morgen sollte …
Der Bischof war zwar komisch angezogen und schritt so eigenartig mit seinem langen Stab daher. Aber er war nicht größer als alle Erwachsenen auch, sogar ein bißchen kleiner als einige, die ich kannte. Und Schnupfen hatte er. Immer wieder holte er aus den vielen Ärmeln ein großes Taschentuch hervor und schneuzte sich. Ganz normal wie alle Menschen. Das beruhigte mich sehr.
Jetzt standen wir alle aufgereiht, so wie es geprobt worden war. Hinter jedem Firmling der Pate oder die Patin. Ich traute mich nicht aufzuschauen. Wegen des Heiligen Geistes. Der mußte ja jetzt irgendwie kommen …
Der Bischof ging die Reihe entlang, blieb vor jedem Firmling stehen, murmelte etwas, hob seine Hand … ich sah das alles nur aus dem Augenwinkel. Ich hörte aber keine Schmerzensschreie, kein Weinen. Sollten die alle so tapfer sein? Das konnte ich nicht glauben. Viel eher war die Ohrfeige doch nicht so wild. Warum hatten die großen Kinder uns nur Angst gemacht?

Ich war noch ganz in Gedanken versunken, als plötzlich der Bischof vor mir stand. Ich kann mich nur noch an zwei Dinge erinnern. Er mußte sich wieder einmal schneuzen. Sein großes Taschentuch hatte einen dunkelroten Rand und war ganz zerknüllt. Dann hob er die Hand, ich zwickte meine Augen in Erwartung einer Ohrfeige zusammen – und dann streichelte er mir ganz sanft und kurz die Wange!
Ich hatte alles erwartet, aber das nicht! Und der Geist? Ich war völlig durcheinander.
Der Katechismus gab keinen mir verständlichen Aufschluß dazu. Unseren Religionslehrer wollte ich nicht fragen. Jetzt nach der Firmung ist das ganz unmöglich geworden, denn da wäre er sicher böse und meine Firmung vielleicht ungültig …

Die Antwort fand ich in einem ganz anderen Buch. „Aladin und die Wunderlampe“: Vielleicht war ich so etwas wie die Lampe und der Bischof hat an meiner Wange gerieben, damit der Geist herauskommt. Aber der fromme Mann hat ein wenig zu zart gerieben, denn der Geist hat sich nicht blicken lassen.
Also saß ich heimlich auf meinem Ausguckbaum und rieb mir die Wangen rot und murmelte immer wieder beschwörend: „Ich wünsche mir …“
Es passierte nichts. Ich stellte mir vor, meine Wünsche würden in Erfüllung gehen – irgendwann einmal sicher. Vielleicht schläft der Geist, vielleicht will er noch nicht kommen. Vielleicht hat der liebe Gott meine Firmung nicht gesehen und den Geist noch nicht in mich hineingeblasen. Vielleicht hatte ich gar keinen … Aber Träume und Wünsche hatte ich.
Ich bräuchte halt eine zweite Firmung, meinte ich schließlich. Aber das ging nicht. Also lag es vielleicht an meinen Wünschen. Im Laufe der Zeit verblaßte Aladin und die Firmung. Ich träum-

te immer noch und gerne. Auch wenn mein Vater glaubte, das müsse aufhören, ich sei sonst nicht lebensfähig mit den „Flausen im Kopf".
Ich träumte trotzdem. Manche Träume gingen einfach in der Zeit verloren, manche quälten mich auch mit Alpdruck. Andere wieder konnte ich mir sehr lange bewahren. Dann wachte ich irgendwann, erwachsen geworden, auf, war aus-gebildet und leer. Auf der Suche nach meinen Bildern, nach neuen, eigenen Bildern fand ich das Zauberwort, das den Geist geweckt hat: „*Ich kann!*" Alte Bilder fielen dabei aus dem Rahmen und neue waren gleich fassungslos lebendig…

Im leisen Windhauch, im Kieselstein, in einem Augen-blick zwischen Menschen habe ich Gottes Geist entdeckt, in einem Atemzug ihn erlebt, in einem Herzschlag ihn gehört.
Es war keine Ohrfeige – es mußte ein Streicheln sein …

Entscheidungshilfe

Draußen war es drückend schwül. Erst Mai und schon solche Temperaturen! Eigentlich hätte ich Stadtwege zu erledigen gehabt. Zwei Schritte in den Garten brachten meinen Plan ins Wanken. Sollte ich mir das wirklich antun? Oder lieber verschieben? Aber dann wäre … Und was, wenn es morgen noch heißer werden würde?

„Aber sonst hast du keine Sorgen?" sagte ich ärgerlich zu mir selber. Und trotzdem, ich wußte nicht, was ich tun sollte. Es sind eben sehr oft die ganz banalen Dinge, die das Leben … jetzt auch noch Philosophie, warum nicht gleich Existenzanalyse dieses weltbewegenden Themas?

Ich brauchte einfach eine klare Entscheidung. Und einen kühlen Kopf – bei der Hitze! Meiner kochte irgendwo zwischen Schein und Sein herum und war einfach und schlicht total umwölkt.

Hausmutter Hanni mußte wieder einmal her. Sie war genau die Richtige in solchen Situationen! Sie war mein weiser Hausverstand!

„Immer diese Entscheidungen!" stöhnte ich, nachdem ich Hanni ausführlich mein Wetter-Stadt-heute-morgen-Problem geschildert hatte. Sie lächelte schon beim Zuhören verschmitzt und sehr wissend.

Jetzt erwartete ich ihren Rat, ihr Abwägen und Ausloten der Situation …

„Soll ich dir zwei Kartoffeln holen?" fragte sie stattdessen.

Ich stand völlig fassungslos da. Hatte ich wirklich richtig gehört? Ich wagte kaum, noch einmal zurückzufragen: „Zwei Kartoffeln?"

Hanni nickte lachend, ich mußte mich setzen.

Hanni setzte sich auch.

„Also, das ist so...“, begann sie und erzählte mir folgende Geschichte:

Ein Professor, ein richtig hochstudierter Mann, machte Urlaub auf dem Bauernhof. Und wie das eben so ist, konnte der Professor auch dort das Arbeiten nicht sein lassen.
Auf dem Tisch vor dem Haus hatte er Papiere und Bücher ausgebreitet und brütete über einem offensichtlich sehr schwierigen Problem.
Der Bauer war gerade aus dem Stall zurückgekommen und setzte sich auch auf die Hausbank. Er stopfte ruhig seine Pfeife und betrachtete den Professor interessiert.
Dieser war ganz vertieft und murmelte unverständlich vor sich hin. Der Bauer zündete schließlich seine Pfeife an und füllte sich ein Glas mit Most aus dem Steinkrug auf dem Tisch.
Jetzt schaute der Professor auf. Sein Blick war irgendwie verzweifelt, hilfesuchend.
„Immer diese Entscheidungen!“ stöhnte er händeringend. Dann senkte er resigniert seinen Kopf und fuhr nervös mit beiden Händen durchs schneeweiße Haar.
„Wenn's weiter nichts ist, da kann ich dir helfen!“ sagte der Bauer ruhig.
Gerade wollte der Professor etwas sagen wie: das sei doch gar nicht möglich, und was verstünde denn schon der Bauer davon. Aber der war bereits aufgestanden: „Komm nur mit!“ sagte er so bestimmt, daß keine Widerrede Platz hatte.
Folgsam wie ein Primaner stand der Professor auf und ging mit dem Hausherrn. Der führte ihn hinters Haus, öffnete eine schwere Luke im Boden und stieg hinunter in den Keller. Der Professor zögerte.
„Na, was ist?“ rief der Bauer ungeduldig aus dem Kartoffelkeller.

Also stieg der Professor auch hinunter. Im Dämmerlicht erkannte er einen großen Berg Kartoffeln auf der Erde. Der Bauer nahm zwei und hielt sie ans Tageslicht, das durch die offene Luke fiel.
„Also, Saatkartoffeln brauchen viele Augen. So wie die da. Die anderen sind Eßkartoffeln. Such mir Saatkartoffeln aus und leg sie auf einen eigenen Haufen. Da kannst du Entscheidungen üben!"
Er warf die eine Kartoffel in ein leeres Eck und die andere zurück auf den Berg. Dann stapfte er die Kellertreppe wieder hinauf und ließ den Professor einfach stehen.
Stunden waren vergangen. Als der Bauer vom Feld zurückkam, war die Kellerluke immer noch offen und vom Professor weit und breit keine Spur.
Sollte der etwa noch immer?
Wirklich fand der Hausherr den Professor im Kartoffelkeller.
Der Berg lag immer noch wie vorher. Im anderen Eck immer noch eine einsame Kartoffel.
Der studierte Mann saß nachdenklich mitten in den Kartoffeln, hielt in jeder Hand ein Stück und schaute unablässig von einer Hand zur anderen: „Ich kann mich nicht entscheiden!" murmelte er …

Hanni schaute mich fröhlich an: „Also, soll ich dir zwei Kartoffeln holen?"
Ich stand auf, zog mich an und ging in die Stadt.

Erntedank

Ich tanze noch einmal.
Tanze für die Fischer.
Tanze für die Pharisäer und
Schriftgelehrten.
Tanze den Tanz der Mirjam.
Tanze von Magdala nach Ostern.
Tanze für die Huren
und Zöllner.
Tanze für die Kranken
und Aussätzigen.
Tanze für die Freunde
und Verräter.
Ich tanze noch einmal.
Tanze für Gott und
die Welt.

Wenn die Nacht kommt,
gehe ich leise
vorüber.
Nur einige Blätter
liegen am Weg.
Spuren, die bleiben,
solange der
Wind in den Wolken
schläft …

Sakramentenlehre

In meinem Kopf tickte eine Bombe. Zuviel war in den letzten Tagen auf mich eingestürmt. Das bringt die Nerven an die Zerreißmarke. Dann genügt irgendeine Kleinigkeit, und der Dampfkesseleffekt tritt ein.

Jetzt pfiff mein Überdruckventil gellend. Ich stürmte in mein schützendes „Nest". Sehnsucht nach meiner Wiener Klause und Ruhe brach auf. Ich war müde und zornig und versank in einem Tümpel Selbstmitleid.

Erschrocken schaute mich Hanni, meine liebevolle Hausmutter, an: „Was ist denn dir für ein Riesenvieh über die Leber gelaufen?"

„Ach was, ich habe mich fürchterlich geärgert!" bellte ich.

„Ich glaube, es ist besser, ich gehe noch eine Runde spazieren, ich muß mir Luft machen!" setzte ich nach, ließ Hanni fassungslos stehen, drehte auf dem Absatz um und ging wieder hinaus.

Meine Gedanken rotierten im Stand, ich umkreiste den Häuserblock wie eine wildgewordene Bohrmaschine. Nein, das löst gar nichts! Ich warf die Tür erneut ins Schloß.

„Ist's jetzt besser?" fragte Hanni und schaute mich prüfend an.

„Nein! Ich geh' baden!" sagte ich kurz und verschwand in mein Zimmer.

Das Badewasser lief in die Wanne. Ich suchte einige Badezusätze aus und mischte mir ein duftendes, hautschmeichelndes Bad zusammen. Ein Glas Tee, Musik und tiefes Eintauchen. Ich spürte, wie sich mein Körper ganz von selbst entspannte, meine Seele bekam Platz, und meine Gedanken verloren sich irgendwo in mir.

Das Wasser wurde langsam kühl, meine Zehen und Finger waren schon großmutteralt. Ich griff nach dem Badetuch und stieg lang-

sam aus der Wanne. Das Eincremen tat einfach gut. Meine Hände waren keine Fäuste mehr. Mir war nach Streicheln und nicht nach Schlagen zumute. Warum hatte ich mich überhaupt so geärgert?
Ich schmunzelte mir selbst im Spiegel zu: „Du verrücktes Weib!"
Ich schlüpfte in meinen Jogger und ging zum Abendessen.
„Ist's jetzt besser?" fragte Hanni wieder und musterte mich sichtlich erleichtert.
„Ja, so ein Bad ist einfach wunderbar!" sagte ich und atmete tief durch.
Hanni nickte wissend: „Das hat man schon bei uns zu Hause immer gesagt: Baden und beichten – dann geht's dir besser!"
(Seither gehe ich vor oder nach der Beichte mit besonderem Genuß baden …)

Lebenswerk

Endlich bin ich
doch ein Kind mit Falten
geworden.
Meine Seele
hat ihre Landkarte
ganz entfaltet.
Sie weist mir
den Weg aus der Angst.
Ich kenne die Angst,
sie hat einen Namen.
Wie Rumpelstilzchen
verrät und
zerreißt sie sich.
Jetzt bin ich Kind,
gerettet, und schreibe
eine Exegese der Fröhlichkeit,
eine Spiritualität
des Spielens,
eine Pastoraltheologie
der Menschlichkeit,
eine Dogmatik des Lachens
und die Liebeserklärung
einer Frau
im Sakrament der Gottesschwangerschaft.
Endlich bin ich
doch ein Kind mit Falten
geworden …
Ein altes Gotteskind!

Magdalenas Logik

Es war ein herrlicher Herbsttag. Rund um das Bildungshaus standen die Obstbäume in voller Frucht. Es roch nach Heu. Die Fenster unseres Seminarraumes standen weit offen. Wir sollten draußen weiterarbeiten, entschied ich. In der Pause wollte ich diese Möglichkeit der ganzen Gruppe anbieten.
„Wir müssen mit dir reden!" kam ein junges Ehepaar sofort nach Pausenbeginn zu mir.
Wir setzten uns auf die Terrasse.
„Wir haben unsere beiden Mädchen mit. Sie sind in der Kindergruppe. Die Anna ist zwei, die Magdalena vier."
Der Vater verstummte. Er suchte sichtlich nach Worten. Die Mutter fuhr fort: „Mit der Magdalena haben wir ein Problem. Und wir wissen nicht weiter. Am kommenden Montag gehen wir mit ihr zum Arzt. Aber ich weiß nicht, ob das was bringt ..."
In meinem Kopf begann es zu klicken: Krankheit, Symptome ... Ich versuchte, mich wieder auszuklicken. Was sollte ich fragen? Die beiden waren still.
„Was ist passiert?" fragte ich schließlich.
Als hätte ich den richtigen Knopf gedrückt, begann der Vater endlich zu erzählen:
„Die Uri – unsere Urgroßmutter – wohnte bei uns. Und vor drei Wochen bin ich, wie jede Nacht, einmal zu ihr ins Zimmer. Sie mußte immer einmal in der Nacht heraus, und da brauchte sie Hilfe. Ich habe sie gefunden. Um vier Uhr. Tot im Bett. Sie ist einfach hinübergeschlafen. Mit 96 Jahren."
Die Frau nickte: „Dann hat Hubert mich geweckt. Wir haben den Arzt geholt. Alles ging sehr schnell. Um sieben war die Uri schon aus dem Haus!"

„Bevor die Kinder wach waren?“ fragte ich.
„Ja, das ist wahrscheinlich auch der größte Fehler gewesen“, sagte Hubert. „Wir wollten sie schonen. Aber ich glaube, wir haben da einen Riesenblödsinn gemacht!“
Sollte ich jetzt ja sagen? Ich blieb lieber still und wartete.
Die Mutter erzählte weiter: „Anna hat keine Probleme gehabt – zumindest ist nichts aufgefallen.“
„Aber die Magdalena!“ fuhr Hubert sofort dazwischen. „Maria und ich haben versucht, ihr alles zu erklären. Daß die Uri jetzt im Himmel sei. Wir waren mit ihr am Friedhof, haben ihr erzählt, was bei einer Beerdigung passiert ...“
„Was hat Magdalena gefragt?“ warf ich ein.
„Nicht viel“, sagte Maria. „Sie ist so still seither. Vor allem aber kann sie nur mit Mühe einschlafen. Und nur zwischen Maria und mir. Zigmal schreckt sie wieder auf. Sie hat Angst, daß es ihr auch so geht wie der Uri.“
„Für Magdalena sieht die Realität jetzt so aus, daß sie spurlos verschwinden kann, wenn sie schläft“, sagte ich.
Eine Weile schwiegen die beiden.
„Es ist höchste Zeit, daß ihr einen Arzt einschaltet!“ Ich konnte mir diesen Satz nicht verkneifen. Drei Wochen war das alles her!
„Kannst nicht du einmal mit unserem Mädchen reden?“ fragte Maria. „Bitte!“ setzte sie nach.
Ist nicht schon geredet worden? Aber dann hörte ich wieder, daß Magdalena kaum etwas gefragt hatte. Vielleicht hatte sie aber Fragen.
„Ich bin kein Therapeut!“ warf ich ein und spürte sofort, daß das jetzt so ziemlich daneben war. Ich konnte doch einfach mit dem Kind reden.
„Rede doch bitte einfach einmal mit ihr“, sprach Hubert meine Gedanken aus.

Ich nickte, beendete die ohnehin schon lang gewordene Pause, gab den Teilnehmern eine Arbeit und ging in die Kinderstube. Magdalena war sofort bereit, mit mir in den Garten hinauszugehen. Sie erklärte mir mit Nachdruck, daß sie „vier*einhalb*“ sei. In diesem Alter muß man schließlich ganz genau sein! Ich sagte ihr, ich sei „sechsunddreißig-dreiviertel”, damit wir diese Unklarheiten gleich beseitigt hätten.
Magdalena wußte offenbar genau, unter welchem Baum wir sitzen könnten, denn zielstrebig steuerte sie auf einen alten Apfelbaum etwas abseits vom Haus zu. Ich pflückte einen seiner rotgelben Äpfel und setzte mich zum Kind in die Wiese. Dann teilte ich den Apfel schwesterlich, gab ihr die eine Hälfte, und beide bissen wir erst einmal kräftig zu.
Wir philosophierten über Äpfel und anderes Obst, über Spiele und Bäume, kamen von da zu den Menschen und schließlich zur Uri.
Magdalena erzählte mir von ihrer Uri. Das Bild einer weisen Alten nahm Gestalt an. Das Kind mußte diese Frau sehr geliebt haben.
Mitten in ihrer Erinnerung brach Magdalena plötzlich ab: „Weißt du, warum die Uri tot ist?“
Ich brauchte einen Moment, um die unvermutete Frage zu realisieren. Dann setzte ich mich so, daß wir einander gegenüber waren. Jetzt wurden auch die Augen-blicke wichtig!
„Weißt du es?“ wurde sie ungeduldig.
„Nein, Magdalena, ich weiß auch nicht, warum. Ich weiß nur, daß das passiert. Irgendwann ist jeder einmal tot.“
„Aber so mitten beim Schlafen ...“ Das Wort blieb zwischen Frage und Protest in der Luft hängen.
„Ja, auch das kann passieren. Besonders bei ganz alten Leuten. Und deine Uri war schon sehr alt.“

Eine Weile war es ganz still. Das Kind mußte nachdenken.
„Der Papa hat gesagt, die Uri ist im Himmel.“
„Das wird stimmen“, sagte ich und nickte bekräftigend.
„Der liebe Gott ist aber kein lieber Gott, wenn er einfach meine Uri wegholt!“ Magdalena biß wütend in ihre Apfelhälfte.
„Ich weiß es zwar nicht, aber ich könnte mir vorstellen, daß der liebe Gott ganz dringend eine Uri gebraucht hat ...“
„Du meinst, *der* braucht eine Uri?“ unterbrach mich Magdalena mit großgewordenen Augen.
„Ja, wäre doch möglich, daß er auch eine Uri braucht. Und ich glaube, es muß ganz dringend gewesen sein. Sonst wäre es ja nicht so schnell passiert.“
„Aber warum meine?“ fragte die Kleine und ließ mir keine Atempause mehr.
„Vielleicht hat er sich gedacht: Die Magdalena hat noch die Anna, den Papa und die Mama, die ist nicht alleine, wenn die Uri nicht mehr da ist ...“
„Und er hat sie *dringend* gebraucht?“ unterbrach mich das Kind.
„Es muß ganz, *ganz* dringend gewesen sein!“ setzte ich nach und nickte.
Magdalena biß wieder in ihren Apfel. Jetzt aber bedächtig und völlig in Gedanken versunken. Eine Weile war es still.
Schließlich meinte sie mit einem langsamen Kopfnicken: „Meine Uri ist schon eine tolle Uri!“
„Und wenn der liebe Gott dringend eine Uri gebraucht hat, dann ist natürlich klar, daß er nicht irgendeine holt, sondern eine ganz tolle. Das würdest du auch tun, oder?“ fragte ich.
Magdalena dachte einen Moment lang nach, dann nickte sie: „Ja, würde ich!“
Nachdenkpause.
„Es war echt dringend?“ Magdalena schaute mir direkt in die Au-

gen. Ich blieb ihrem Blick treu und ließ uns beiden Zeit: „Ich glaube schon. Es *muß* dringend gewesen sein!"
Jetzt atmete sie tief durch und sagte mit dem Brustton aller Überzeugung: „Wenn es *so* dringend war, dann – in Gottes Namen – soll er sie halt haben!"
Ich konnte mir ein Schmunzeln nicht verkneifen. Aber ich sagte nichts, denn da war offensichtlich noch ein Gedanke, der in Magdalenas Kopf sich zurechtfinden wollte. Sie war wieder ganz still und schaute einem kleinen Käfer zu, der neben ihrem Fuß grashalmauf und grashalmab unterwegs war.
Ohne den Blick abzuwenden, sagte sie plötzlich: „Und was ist dann auf dem Friedhof?"
Das war doch die logische Frage! Wenn die Uri im Himmel ist, was ist dann auf dem Friedhof?
Einen Moment lang war ich versucht, einer Viereinhalbjährigen Leib und Seele zu trennen. Aber sollte ich ihr jetzt ein neues Problem machen, wo sie doch gerade eines bewältigen mußte?
„Was ist auf dem Friedhof?" Magdalena ließ mir keine Zeit mehr.
„Der Friedhof ist nicht wichtig", sagte ich. „Du weißt ja, wie das ist mit uns Erwachsenen: Dauernd haben wir was im Kopf, müssen über so viel nachdenken und vergessen immer was ..."
„Ja, das stimmt!" unterbrach mich Magdalena wissend.
„Ja, und deshalb brauchen wir am Friedhof solche Steine, auf denen steht, wie ein Mensch geheißen hat und wann er gelebt hat, damit wir ihn nicht vergessen. Die Grabsteine sind zum Erinnern ..."
„Wie der Einkaufszettel von der Mama!" Magdalena strahlte.
„Ja, genau! Wie ein Einkaufszettel!" Der Vergleich gefiel mir.
„Du, den Einkaufszettel von der Mama darf ich immer anmalen. Weil, wenn er bunt ist, dann sieht sie ihn besser, hat sie gesagt zu mir..."

Jetzt unterbrach ich Magdalena: „Oje, da werden wir etwas Schwierigkeiten bekommen. Ich finde auch, bunte Grabsteine wären viel lustiger. Aber ich glaube, da denken nicht alle so wie wir. Du kannst mit deinem Papa schon reden und der vielleicht mit dem Herrn Pfarrer. Man kann natürlich auch mit Blumen alles bunter machen. Aber weißt du, Magdalena, der Friedhof ist einfach nicht so wichtig. Der Himmel ist wichtig. Und Himmel ist überall!"
„Ja, das stimmt!" Magdalenas Gesicht strahlte auf: „Ich war schon beim Meer. Da ist auch Himmel und in der Stadt und auf dem Berg und bei der Tante in G. – Himmel ist wirklich überall!"
Einen Augenblick verfinsterte sich Magdalenas Strahlen wieder: „Aber die Uri sagt ja nichts mehr, wenn ich ihr jetzt etwas erzähle!"
Ich setzte mein wichtigstes Gesicht auf, das ich hatte: „Aber, Magdalena, du weißt doch hundertprozentig, was die Uri sagen würde, wenn du mit ihr redest! Du kennst sie doch so gut!"
Magdalena dachte eine kleine Weile nach, dann nickte sie ganz langsam und meinte gedankenverloren:
„Ja, wenn sie schimpfen würde, das tät' ich wissen!"
„Na, also!" Ich lehnte mich an den Baumstamm und biß auch einmal in meinen Apfel.
Schließlich stand Magdalena auf und betrachtete mich eingehend. Von oben bis unten und wieder zurück. Sie nagte an ihrem letzten Stückchen Apfel herum und ließ keine Sekunde ihren Blick abschweifen. Lange sagte sie kein Wort.
Dann kam fast selbstverloren: „Und das ist so bei alten Leuten?"
„Es kann auch so passieren", sagte ich leise.
Wieder war es lange still. Immer noch stand das Kind da und maß mich zentimeterweise.
„So mitten im Schlaf?" murmelte Magdalena in ihren Apfel.

„Besonders bei sehr alten Leuten kann das auch passieren."
Auch meine Stimme war fast nur ein Flüstern. So als hätten wir ein Geheimnis entdeckt. Ich wagte nicht, mich zu bewegen, um die kindliche Betrachtung nicht zu stören.
Magdalena schien unser ganzes Gespräch noch einmal durchzudenken. Sie hielt mich mit ihrem Blick sanft fest.
„So mitten aus dem Schlaf?" fragte sie wieder. Ganz leise.
Ich nickte: „Kann sein." Meine Stimme blieb auch gedämpft.
„Bei alten Leuten ist das so?"
„Kann sein. Nicht immer."
Wieder war es still.
Die Welt stand still. Die Zeit blieb stehen. Ein Kind dachte nach!
Langsam löste Magdalena schließlich ihren Blick, machte einen kleinen Schritt auf mich zu, schaute mich strahlend an, diesmal blieben ihre Augen in meinen liegen.
Dann lachte sie mich an, nickte einige Male und sagte laut und befriedigt: „Gell, du bist noch zu jung. Dich müßte man erschießen!"
Sagte es, drehte sich auf dem Absatz um, nickte noch einmal und ging!
Ich saß immer noch unterm Apfelbaum und verschluckte mich brustend an meinem Stück Apfel. Daß man mich „erschießen" müßte, war klar: Magdalenas Vater ist Jäger!
Magdalenas Schlafstörungen waren behoben und ich um ein großes Erlebnis reicher …

Auf den Hund gekommen

Neben der Frage nach dem Woher ist sicher die nach dem Wohin des Menschen die Frage, die unsere Phantasie am meisten beflügelt. Unzählige Träume, Visionen und Mythen wurden und werden erzählt und aufgeschrieben.
Wo immer ich stehe, sehe ich vor mir den Horizont. Damit habe ich meine Erdverbundenheit, mein Geschöpfsein vor Augen. Aber gerade den Horizont selber kann ich nicht erreichen. Mit jedem meiner Schritte setzt auch er einen Schritt fort von mir. Er gibt mir so wieder ein Stück Weg frei.
Ich weiß, daß da immer noch etwas ist. Niemals im Leben kann ich alles sehen. Aber ich kann meinen Gedanken Flügel leihen und mir so alles vor-stellen.
Geschichten, die über meinen Lebenshorizont hinausgehen, sind mitten im Leben erträumt und gedacht. Viele von ihnen sind Lehrmeister gegen die Angst vor Leben und Tod. Es gibt natürlich auch Folterknechte zu einer solchen Angst.
Ich machte mich auf die Suche nach den Lehrmeistern!
Verliebt habe ich mich in eine der ältesten Erzählungen der Literatur, die über zweitausend Jahre alte indische Mahabharata. Dieses heilige Epos wurde für mich zu einem Denkanstoß – geboren aus oder vielleicht besser *mit* „meinem" indianischen Schöpfungsmythos. Wir können niemals genug Geschichten erzählen, die uns einen liebenden, liebe-vollen Gott nahebringen!

Yudhistira war ein Weiser geworden. Er hatte in seinem Leben alles erlebt, was es nur zu erleben gab. Armut, Knechtschaft, Verbannung, Not, Verzweiflung und tiefste Demütigung kannte er. Aber auch höchste Ehren waren ihm zuteil geworden, er war

mächtig gewesen, hatte größte Freude und Zufriedenheit erlebt. Freunde und Feinde waren ihm begegnet, er war ein verachteter Feigling und ein gefeierter Held geworden.
Jetzt hielt ihn nichts mehr in der Welt fest. Yudhistira beschloß, auf den höchsten Berg der Welt zu steigen, um von dort einen Weg in den Himmel zu suchen.
Seine Familie, seine Freunde, Menschen aus seinem Dorf gingen mit ihm. Zuerst waren die Wege noch vertraut, es plauderte sich gut und ging sich leicht. Als die Fremde kam, nahmen die ersten Begleiter Abschied. So weit wollten sie nun doch nicht fort.
„Und ich kann meinen Freund nicht allein zurückgehen lassen!" meinte noch einer und schloß sich den Heimkehrern an.
Yudhistira winkte ihnen nach und ging mit den übrigen weiter. Der Weg wurde steiler und steiniger.
„Das wird zu mühsam!" sagten einige und kehrten um.
„Ich kann mit den Kindern da nicht hinauf!" Wieder blieben Menschen zurück.
Sturm und Regen peitschten die Gruppe auseinander. Angst stand dem einen und anderen ins Gesicht geschrieben. Die Kälte trieb sie zurück an den warmen Herd zu Hause.
Eines Tages rasteten die Wanderer unter einer mächtigen Felswand. Plötzlich löste sich Geröll, Felsbrocken donnerten über die Vorsprünge – direkt auf die Menschen herunter. Mit Schreckensschreien sprangen alle auf. Aber zwei wurden mitgerissen und erschlagen. Tief unten in der Schlucht konnte man ihre leblosen Körper liegen sehen. Weinend umarmten einander die Lebenden. Die Witwen kehrten schließlich mit ihren Familien um. Sie wollten daheim trauern.
Ein Schneesturm tobte viele Tage und Nächte. An ein Weiterkommen war nicht zu denken. Auch ganz eng zusammengerückt war den Menschen eisigkalt. Als endlich die Sonne wieder aus

den Wolken brach, waren einige erfroren, viele andere hatte der Mut verlassen. Sie verabschiedeten sich von Yudhistira.
In einem kleinen Bergdorf wurde Rast eingelegt. Das warme Essen, ein Dach über dem Kopf – jetzt wollten wieder einige nicht mehr weitergehen. Yudhistira hielt keinen fest. Er bedankte sich für das Stück Weg, das sie mit ihm gegangen waren, und ließ sie zurück.
Die Gruppe war sehr klein geworden. Nur eine Handvoll Unerschütterlicher machte sich wieder auf den Weg zum höchsten Berg der Welt. Dort wollten sie miterleben, wie Yudhistira in den Himmel steigen sollte.
Ein riesiger Wasserfall stürzte über die Felskanten. Ein mächtiger Regenbogen stand über der Schlucht. Sie füllten ihre Wasserflaschen und wuschen sich. Da rutschte einer der Männer auf den nassen Steinen aus. Bevor noch jemand helfen konnte, wurde er vom Wasser mitgerissen und verschwand im Strudel des Wasserfalls. Bruder und Schwester blieben trauernd zurück. Die anderen setzten ihren Marsch fort.
Jetzt kamen sie in das letzte Dorf hier oben. Nur einige karge Hütten standen noch. Über ihnen erhob sich riesengroß ein Bergmassiv. Unsagbar hoch und unendlich weit hinauf.
„Dahin muß ich gehen!“ sagte Yudhistira und streckte seinen Arm in den Himmel.
Die letzten Freunde ließen die Arme sinken und schüttelten den Kopf: „Wir können nicht mehr weiter! Wir wußten nicht, daß es so weit sein würde …“
Yudhistira war sehr traurig. Aber er konnte und wollte die Freunde nicht festhalten.
„Ihr müßt selber wissen, wozu eure Kraft reicht. Ich muß weitergehen!“ sagte er und verabschiedete sich von allen.
Sie begleiteten ihn noch aus dem Dorf hinaus. Dort blieben sie

stehen. Aber zwischen ihren Beinen bahnte sich ein kleiner struppiger Hund einen Weg und rannte Yudhistira nach. Als er ihn eingeholt hatte, sprang der Hund bellend an dem Einsamen hoch und wedelte aufgeregt mit dem Schwanz.
Yudhistira blieb stehen. Er lachte, nahm den Hund auf den Arm und streichelte ihn.
„Du willst mich also begleiten?"
Der Hund leckte ihm zustimmend die Hand.
„Es wird aber ein schwerer und langer Weg! Ich kann mich auch nicht um dich kümmern. Aber wenn du mit mir gehen willst – trotzdem – dann freue ich mich sehr!"
Yudhistira setzte den Hund wieder auf den Weg, und beide gingen los. Der kleine Kerl hielt gut Schritt. Bis zum Abend waren sie so weit gekommen, daß die Lichter des Dorfes kaum noch zu erkennen waren.
Yudhistira ließ seinen Gefährten in seine Jacke schlüpfen. So wärmten sie einander in dieser Nacht. Sie teilten Wasser und Brot. Der Hund jagte sogar einen Schneehasen, den sie im Feuer brieten. Ein Festmahl! Sie brauchten beide Kraft. Noch lagen viele Tage vor ihnen.
Mußte der Wanderer klettern, durfte sein Hund in die Jackentasche. Dafür meldete der feine Instinkt des Tieres jeden Steinschlag so lange voraus, daß beide sich in Sicherheit bringen konnten.
Yudhistira erzählte seinem Freund von der langen Wanderung, von den Gefahren und Schönheiten dieses Weges. Wann war er eigentlich von seinem Heimatdorf aufgebrochen? Es schien ein Menschenleben lang her zu sein …
Der Hund war ein guter Zuhörer. Er spitzte seine Ohren, legte seinen Kopf etwas schräg und zwinkerte immer wieder verstehend.

So verging die Zeit kurzweilig, die Schritte machten weniger müde, und der Gipfel kam immer näher.
Endlich war es soweit! Yudhistira und der kleine Hund standen auf dem Dachgiebel der Welt.
„Wir haben es geschafft, mein Freund!“ schrie Yudhistira aus Leibeskräften und umarmte seinen Hund.
Als das letzte Echo seiner Stimme verklungen war, öffneten sich plötzlich die Wolken, und eine feurige Kutsche fuhr auf den Gipfel herab.
Die Pferde schnaubten wild. Warmes Leuchten umgab das herrliche Gefährt. Knapp über dem Boden, direkt am Gipfel, blieb die Kutsche stehen.
Indra, der Himmelskönig, stieg aus und kam auf Yudhistira zu. Dieser verneigte sich tief. Der Hund setzte sich auf einen Eisbrocken und interessierte sich mehr für die Pferde.
„Yudhistira, du bist wirklich so weit zum Himmel heraufgestiegen. Jetzt sollst du das letzte Stück auf dem Weg zu deiner Vollendung in meiner Kutsche fahren!“
Indra öffnete mit einer einladenden Handbewegung die Tür und ließ den Menschen einsteigen. Ehe der Gott aber noch reagieren konnte, war auch der kleine Hund in die Kutsche gesprungen und kuschelte sich sofort an Yudhistiras Füße.
„Halt, du nicht!“ rief Indra lächelnd.
Yudhistira schaute verwundert auf. Der Hund tat, als hätte er nichts gehört. Das konnte ihn doch sicher nicht betreffen!
„Der Hund kann nicht mitkommen!“ sagte Indra jetzt ernst.
„Der Hund *muß* mitkommen!“ sagte Yudhistira laut.
„Das geht nicht! Der Hund darf nicht mit dieser Kutsche in den Himmel fahren.“ Indra wurde zornig.
Jetzt stand Yudhistira auf und stieg aus. Er stellte sich vor Indra hin und schaute dem Gott direkt in die Augen:

„Indra, dieser Hund muß mitfahren können!"
„Nein!" Indra schüttelte seinen mächtigen Kopf. Der Lichterkranz wurde rötlich schimmernd. Der Gott blitzte den Menschen an. Yudhistira hielt dem Blick stand.
„Dieser kleine Hund hat mich als einziger bis hierher begleitet. Er hat Wind und Wetter mit mir ausgehalten, meinen Geschichten zugehört, mich vor Gefahren gewarnt. Er ist mein einziger Freund. Ich gehe nicht ohne ihn!"
Um seinen Worten Nachdruck zu verleihen, holte Yudhistira den Hund aus der Kutsche und setzte sich auf einen Eisbrocken. Seinen Freund hielt er fest im Arm.
Indra schaute die beiden verwundert an. Einen Moment war es ganz still. Dann setzte sich der Gott auch auf einen Eisblock am Gipfel der Welt.
Seine Stimme nahm einen väterlichen Ton an: „Mein Lieber, schau, du mußt das einsehen: Nur du kannst in den Himmel. Es gibt keinen anderen Weg. Allein meine Kutsche kann dich dorthin bringen. Und in diese Kutsche darf der Hund nicht einsteigen. Er darf nicht weiter mit dir kommen."
Yudhistira streichelte unablässig seinen Hund, während Indra gesprochen hatte.
„Ich gehe nicht ohne ihn!" sagte er kurz und sehr bestimmt.
Indra wurde ärgerlich. „Du bist doch einen so weiten Weg gegangen, hast so vieles ertragen und durchgestanden. Und das alles doch nur, um in die himmlische Vollendung zu kommen. Du hast es ja auch fast geschafft. Und jetzt – jetzt …"
Nein, das war einfach unbegreiflich! Selbst einem Gott war das unverständlich.
Yudhistira stand auf und setzte seinen Freund auf den Boden: „Ja, du hast recht, ich habe unsagbar viel mitgemacht und durchgehalten. Ja, ich will in den Himmel. Ja, ich stehe kurz vor meinem

Ziel. Aber du bist es, der es mir verweigert!“ Er ballte die Fäuste in seinen Taschen.

Indra sprang verärgert auf, streckte sich und schaute auf das Menschlein herunter wie auf ein kleines trotziges Kind.

„Dein sturer Schädel läßt es nicht zu! Ich habe dir klar gesagt, daß es keinen anderen Weg gibt!“

„Ich kann diesen Weg so nicht gehen. Es liegt an dir, Indra! Vielleicht sollte ich dir alles erzählen!“

Yudhistira sah einen Hoffnungsschimmer in seiner Idee. Er setzte sich wieder, nahm den Hund in den Schoß und lud Indra mit einer Handbewegung ein, sich auch wieder zu setzen.

Dann erzählte er von den Schmerzen des Abschiednehmens, der Trauer über die verunglückten Freunde, von den Hoffnungen und Verzweiflungen, der Erschöpfung und den Ermutigungen. Er schilderte besonders ausführlich die Strecke vom letzten Dorf bis hierher auf den Gipfel. In seine Stimme legte er besonders viel Überzeugungskraft, wenn er von seinem kleinen Gefährten sprach. Dieser Gott mußte einfach umgestimmt werden!

Indra hörte lange und geduldig zu. Aber als Yudhistira endlich schwieg, schüttelte der Gott nur langsam den Kopf.

„Das ändert nichts. Du kannst in den Himmel nur mit dieser Kutsche, und nur du allein darfst mitfahren!“

Indra stand auf und öffnete die Kutschentür wieder.

„Steig endlich ein!“ sagte er schroff.

Auch Yudhistira war aufgestanden, er hielt seinen Hund im Arm und starrte Indra fassungslos an. Unendliche Traurigkeit zeichnete sein Gesicht. Tränen standen ihm in den müden Augen.

„Nein!“ sagte er mit fester Stimme. „Wenn in diesem Himmel für diesen –“, er setzte den Gefährten direkt vor Indras Füße: *„Wenn in diesem Himmel kein Platz für diesen kleinen Hund ist, dann will ich in diesen Himmel nicht!“*

Yudhistira atmete durch und drehte sich um. Er wollte den Gipfel wieder verlassen.

In diesem Augenblick verwandelte sich der kleine struppige Hund in Yama, den Gott des Todes und der Barmherzigkeit. Yudhistira sank in den Schnee, mit einem Mal verließen ihn alle Kräfte. Seine Sinne begannen zu schwinden. Aber er spürte noch deutlich, wie Yama ihn auf die Arme nahm, und hörte, wie der Barmherzige sagte: „Du hast deine letzte Prüfung bestanden, Yudhistira! Der Himmel steht dir offen, und ich selber trage dich hinein. *Der Himmel muß groß genug für alle sein, soll er Himmel sein!*"

Und Yama selbst trug die Seele Yudhistiras mitten in den Himmel.

Weitere Bücher von Karin E. Leiter im Tyrolia-Verlag

Der Trotzdem-Baum
Wurzeln am Felsen Gottes

Die Bibel atmet
Eine Lebensnot-wendige Begegnung

Schlag-Worte
Gedankensprünge im Schrifts-Teller

Nichts-Nutz
Stein-reiches Bibel-Leben

Tanzendes Kreuz
Mein Weg über Golgotha

Lebensbegleitung bis zum Tod
Wir brauchen Hospize

Deine Liebe schmeckt wie Erde
Die Gärten der Heiligen Schrift

Karin E. Leiter, geb. 1956 in Innsbruck, Krankenschwester, Ausbildung in theol. Erwachsenenbildung, Studium der Germanistik und Theaterwissenschaft. Seit 1984 in Wien lebend. 1988 unheilbar an Krebs erkrankt. Mitten in und aus dieser Leiderfahrung heute in der Sterbebegleitung von Krebs- und Aidskranken tätig. Freie Referentin an Bildungshäusern, Schulen..., freie Schriftstellerin und Malerin. Unterrichtet an mehreren Krankenpflegeschulen Österreichs christl. Anthropologie in Diplomklassen. Radio- und Fernseharbeit.

POLYGLOTT on tour

Indien

Claudia Penner

Special

Augenschmaus und Farbenrausch Seite 6
Schlafen wie ein Maharaja Seite 8
Tandoori, Thali und heißes Curry Seite 10

Allgemeines

Begegnung mit Indien Seite 12
Geschichte im Überblick Seite 19
Religionen Seite 21
Kultur gestern und heute Seite 27
Kulinarische Genüsse Seite 33
Urlaub aktiv Seite 34
Unterkunft Seite 34
Reisewege und Verkehrsmittel Seite 35
Infos von A–Z Seite 99
Mini-Dolmetscher Seite 102
Register Seite 104
Die wichtigsten Sehenswürdigkeiten Seite 108
Indien im Internet Seite 108

Die Regionen

Delhi und der Norden

Seite 37

Das berühmte Taj Mahal oder die Morgenstimmung am heiligen Ganges – der Norden hat aber viel mehr zu bieten: das stille Sanchi etwa oder die Hochgebirgswüste Ladakhs.

Bombay und der Westen

Seite 68

Bombay ist Indiens größte und modernste Stadt. Nicht weit entfernt locken die schönsten Höhlentempel des Landes, und Goa ist der richtige Ort zur Entspannung.

Madras und der Süden

Seite 76

Der Süden, Heimat des klassischen Tanzes, verspricht Natur und Kultur pur. Freundliche Menschen, der Zauber der Tropen, Tempel voller Leben.

Kalkutta und der Osten

Seite 95

Neben Kalkutta, der intellektuellsten Stadt des Subkontinents, gilt es die Tempelstädte von Orissa zu erkunden, Höhepunkte nordindischer Sakralarchitektur.

Bildnachweis

Alle Fotos Dirk Renckhoff außer Archiv für Kunst und Geschichte, Berlin: 14; Catch the Day/Hans-Peter Braunger: 10/11 (Fondbild); Jo Holz: 6/7 (Fondbild), 7, 8, 8/9 (Fondbild),10, 55; Günther Lahr: 6, 16-2, 98; laif/ Gernot Huber: 11; Gudrun Rücker: 21, 22, 23, 42, 72, Umschlagrückseite (oben); Otto Rücker: 2-1, 79-2, 81, 90, 92, 94; Axel Winkler: 97; Titelbild: Bildagentur Huber

Augenschmaus und Farbenrausch

Kamelmarkt in Pushkar

Weltweit bekannt ist Rajasthans farbenfrohestes und populärstes Fest. Zum Vollmond im Oktober/November zieht der stille Wallfahrtsort **Pushkar** Tausende Gläubige, Bauern und Touristen an. Asiens größter Kamelmarkt findet parallel zum religiösen Fest zu Ehren des Gottes Brahma statt. Der Schöpfergott ließ – so wird berichtet – in mythologischer Vorzeit hier eine Lotosblüte herabfallen , die einen Kinder mordenden Dämon vernichtete. Es entstand ein See, der als besonders heilig gilt. Man verbindet Wallfahrt mit Viehmarkt, entflieht dabei einmal im Jahr der Eintönigkeit entlegener Wüstendörfer – vielleicht findet man auch einen Lebenspartner, in jedem Fall vergnügt man sich.

Pushkar platzt während des Festes aus allen Nähten! Denn es kommen nicht nur Pilger und Händler sondern auch Hunderte Touristen, für die eine eigene Zeltstadt aufgebaut wird – also mehrere Monate im Voraus buchen!

- Die Zelte werden in verschiedenen Kategorien angeboten. Führend sind die **Royal Tents,** buchbar über Maharaja Resorts, Umaid Bhavan Palace, Jodhpur 342 006, Tel. 02 91/2 51 01 01, http://heritagehotels.com/marudharhotels/
- Einfacher ist das **Peacock Holiday Resort,** Pushkar 305 022, Tel. 01 45/2 77 20 93.
- Neu ist das **Pushkar Resort,** Village Ganhera, Motisar Rd., Pushkar 305022, Tel. 01 45/2 77 20 17, Fax 2 77 29 46, www.pushkarresorts.com

Shivrati – die Nacht des Shiva

Neumond im Februar/März. In der dunklen Nacht , wenn nach uralter Legende Shiva nach langer Meditation erwacht, fasten Millionen Hindus. Sie meditieren, rezitieren heilige Verse und besingen die göttliche Macht. Von der Abenddämmerung bis zum Morgengrauen wird der Lingam, der Phallus des Gottes, angebetet. Tags darauf strömen endlose Pilgerscharen zu den großen Shiva-Tempeln z. B. in Varanasi, Thanjavur oder Khajuraho. Heilige Männer in safranfarbenen Roben, Asche beschmierte Asketen und Yogis erregen spektakuläres Aufsehen.

Die religiösen Feste richten sich nach dem Mondkalender und haben keine festen Daten.

▮ Von Indiatourism kann der aktuelle Festkalender angefordert werden: Baselerstr. 48, 60329 Frankfurt/Main, Tel. 069/2 42 94 90, info@india-tourism.com, www.india-tourism.com

Der Sieg des Guten

Zehn Tage lang steht Indien im Zeichen des Festes Dussehra. Im September/Oktober wird der Sieg des Guten über das Böse gefeiert. Neun Nächte wird im Norden das große Epos Ramayana auf unzähligen Bühnen aufgeführt. Gott Rama befreit nach endlosen Kämpfen seine Frau Sita aus den Fängen des bösen Ravana. Dramatische Szenen, jeder im Publikum kennt die Thematik, jeder ist aufs Neue fasziniert. Höhepunkt am letzten Tag: das Verbrennen riesiger Strohpuppen des Dämons Ravana.

Tipp **Fast ein Geheimtipp:** Kulu Dussehra in Himachal Pradesh. Hunderte Götter in Gestalt silberner Masken werden jährlich im September/Oktober auf Sänften nach Kulu getragen. Musikanten mit gewaltigen Blashörnern begleiten die Prozessionen. Gläubige in bunter Tracht schmücken die Masken mit unzähligen Blüten, tanzen und musizieren. Nicht selten fallen Medien in Trance. Achtung: Kulu Dussehra findet etwas später als das Dussehra im übrigen Indien statt. Genaue Informationen erhalten Sie vom staatlichen Touristenamt HPTDC, The Mall, Shimla 171 001, Himachal Pradesh, Tel. 01 77/25 25 61, Fax 25 25 57, hptdc@vsnl.net.in.

Das Spiel mit Farben

Fröhlich wird Holi, das Fest der Farben, vor allem im Norden gefeiert. Zum Frühlingsanfang im März erinnert das Fest an das Liebesspiel des Gottes Krishna, der einst ausgelassen seine geliebten Hirtinnen mit Farbe bespritzt haben soll. Volkstänze begleiten das mehrtägige Fest. »Play Holi«, das Spiel mit Wasserfarben und Farbpulver, bringt Glück und macht Spaß, dem unvorbereiteten Reisenden verursacht es oft Ärger.

▮ Wer das Bad in der Menge scheut, seine Kleider schonen und das unkontrollierte Bewerfen mit Farben und Wasser meiden will, der bleibt an diesem Tag besonders in großen Städten besser im Hotel.

Schlafen wie ein Maharaja

Fürstliches Flair

Ein unverwechselbares Flair durchdringt die historischen Gemäuer herrschaftlicher Burgen und Jagdschlösser, die bis vor kurzem als Residenzen der Maharajas und lokaler Potentaten waren. Keines der Palast- und Heritage Hotels gleicht dem anderen, selbst die Zimmer eines Hotels besitzen ihren individuellen Charakter, unterscheiden sich in Größe und Ausstattung. Prunkvolle Suiten mit Himmelbetten und silbernem Mobiliar werden ebenso angeboten wie mittelalterliche, spartanische Kammern. Die trophäengeschmückten Salons und spiegelverzierten Audienzhallen sind museumsreif. Durch labyrinthartige Gänge huschen dienstbare Geister, hilfreich und höflich darauf wartend, ob der Gast den Weg in den Speisesaal findet oder Probleme mit den nostalgischen Lichtschaltern hat. Von den Wänden blicken Generationen von Ahnen würdig herab, eloquente Abbilder vergangener Macht und Pracht. Jedes Gemälde erteilt Geschichtsunterricht, selbst jeder Raum ist eine Story wert.

Tipp Die meisten Palasthotels gibt es in Rajasthan. Hier sollte man mindestens einmal in einem Traditionshotel übernachten. V. a. in den Kleineren, vielfach von den Eigentümern geführt, fühlt man sich noch als Gast des Hauses – die persönliche Betreuung wiegt manche technische Mängel auf. Wer das unberührte Rajasthan sucht, dem sei der **Udai Bilas Palace** 130km südwestlich von Udaipur an der Grenze zu Gujarat, empfohlen – ein Urlaubsparadies für Vogelliebhaber, ein Palast im Art-déco-Stil am Rande eines malerischen Sees.

Udai Bilas Palace,
Dungapur,
Rajasthan 314001,
Tel. 0 29 64/23 08 08,
Fax 23 10 08, http://udaibilaspalace.com/

Verschwenderischer Luxus

Märchenhafte 1001-Nacht-Romantik bietet die frühere Residenz der Herrscher von Mewar in Udaipur. Die stilvollen Suiten in den Palästen **Fateh Prakash** oder **Shiv Niwas** sind großzügige Zimmerfluchten mit Originalporträts der königlichen Familie, imposante Kronleuchter und kostbare Miniaturen, Möbel aus Kristall und Silber, Samt und Seide überall, Antiquitäten wohin man schaut! Ein exklusives Ambiente hoch über dem Pichola-See, das der Traumwelt des Films entsprungen scheint. Die preiswerteren Standardzimmer im Shiv Niwas Palace Hotel sind erheblich schlichter, von verschwenderischem Luxus ist keine Rede.

Fateh Prakash Palace, Udaipur, Tel. 02 94/25 28 08, Fax 2 52 80 12.
Shiv Niwas Palace, Udaipur, Tel. 02 94/2 52 80 16, Fax 2 52 80 06.

Heritage Hotels – Erbe aus alter Zeit

Heritage Hotels schiessen wie Pilze aus dem Boden. Jedes geschichtsträchtige Gebäude – und davon gibt es viele in Indien! –, das vor 1950 gebaut und mehr als 5 Zimmer hat, kann nach entsprechender Renovierung vom Department of Tourism (DOT) als Heritage Hotel eingestuft werden. Eine internationale Hotelkategorisierung , wie eine Vergabe von Sternen, muss nicht erfolgen. Außerdem müssen Paläste, Patrizierhäuser und Kolonialvillen den charakteristischen Baustil der Region und ein kulturelles Erbe aufweisen, um als Heritage Hotel klassifiziert zu werden. Heritage Classic und Heritage Grand Hotels müssen oben genannte Richtlinien erfüllen, aus der Zeit vor 1935 stammen sowie ein Minimum von 15 Zimmern haben. Zusätzlich muss das Hotel über eine sportliche Einrichtung, Swimmingpool, Fitnessclub oder Tennisplatz verfügen.

Tipp Heritage- und Palasthotels haben Lokalkolorit und eine besondere Atmosphäre. Oft sind es die besten Hotels vor Ort, doch können die Zimmer sehr unterschiedlich sein. Die Nachfrage ist groß, die Anzahl der Zimmer gering, eine rechtzeitige Buchung erforderlich. Besonders zu empfehlen sind Heritage Hotels für Naturliebhaber am Rande der Nationalparks, von wo aus Safaris organisiert werden. So in Ranthambore, wo die Chance, Bengalische Königstiger zu sichten, gar nicht so klein ist.

Sawai Madhopur Lodge, Ranthambore, National Park Road, Sawai Madhopur, 322 001, Rajasthan, Tel. 04 26/22 05 41.

Tandoori, Thali und heißes Curry

Aus dem Lehmofen

Mild schmecken Gerichte aus dem Tandoori-Ofen. Fein gewürzt sind die Fleischspießchen aus dem Lehmofen, die vor allem in Nordindien so geliebten *Kebabs.* Natürlich muss auch das leckere *Tandoori Chicken* gekostet werden, das saftige rote Hühnchen mit den langen Beinen. Die typische Farbe stammt von der Marinade, der eigenartige Wuchs ist die Besonderheit des indischen Federviehs. Zum Barbecue nach indischer Art gibt es heiß serviert das köstliche Fladenbrot *Tandoori Roti* oder *Naan.*

Tandoori Restaurants findet man in Nordindien überall in den großen Städten. Ein exklusives Ambiente hat die Schauküche im **The Kandahar** im The Oberoi Hotel, New Delhi (Dr. Zakir Hussein Marg, Tel. 011/436 3030), wo die Köche hinter Glas an den Tandoori-Öfen äußerst geschickt hantieren. Die neueste Spitzenadresse für Kebab-Küche in Südindien: **The Great Kabab Factory,** Radisson Hotel. 355-C, GST Road St. Thomas Mount, Madras, Tel. 044/2231 0101.

Rezepte

Tandoori Chicken wird gehäutet mit Salz und Zitronensaft eingerieben und 12 Stunden in eine Marinade aus einer Mischung von Quark, gemahlenem Ingwer, Knoblauch, rotem und grünem Chili, Safran und Speisefarbe gelegt.

Naan: Weizenmehl wird mit Milch, Quark, Eiern, Salz und Butterschmalz zu Teig geknetet und mehrere Stunden eingewickelt in einem feuchten Tuch stehen gelassen. Die Teigklumpen werden von Hand zu Fladen geformt und an der Innenwand des Tandoori-Ofens knusprig gebacken.

Feurige Currys

Die Phantasie kennt keine Grenzen, wenn es um das indische Curry geht, das nichts mit dem im Westen bekannten gleichnamigen Pulver gemein hat. Die aromatischen Saucengerichte (indisch: kari) sind meist feuriger. Kein Wunder, werden doch dazu eine Vielzahl von Gewürze gemahlen, bei denen Chilis keineswegs fehlen dürfen. Jede Region, ja jede Familie kennt andere Gewürzmischungen (masala) mit denen Fleisch, Fisch oder Gemüse in einer Brühe geschmort werden. Frisch gemahlener Pfeffer, Ingwer, Fenchelsamen, Muskat, Kreuzkümmel, Koriander, Kardamom, Kokos, Knoblauch, Gelbwurz, Minze, Safran, Zimt und Nelken sind nur ein paar Ingredienzien aus dem reichen Gewürztopf, die jedem Curry einen einzigartigen Geschmack verleihen. Dazu gehört auf jeden Fall Reis, mit dem das Gaumenfeuer ebenso gut gelöscht werden kann wie mit Yoghurt (curd). Am besten schmecken Currys in Südindien, am schärfsten sind sie in Goa und Kerala.

Vorzüglich sind Currys, egal ob vegetarisch oder nicht vegetarisch, im **Dakshin Restaurant** des Park Sheraton Hotel in Madras. Stilvoll werden verschiedene Saucengerichte in kleinen Töpfen auf *thali* genannten Tabletts serviert. Selbst Nicht-Vegetarier sollten hier eine vegetarische Thali probieren. Welcomegroup Park Sheraton Hotel, 132 T.T.K. Road, Tel. 044/2499 4101.

Tipp Haben Sie vielleicht Lust auf frisch gepresste Fruchtsäfte und den beliebtesten südindischen Snack *Masala Dosa,* den knusprigen hauchdünnen Pfannkuchen aus Reismehl mit Gemüse gefüllt? Dann ist das einfache, sehr preiswerte und saubere Selbstbedienungsrestaurant im vegetarischen Restaurant des **Hotel Saravana Bhavan** in Kanchipuram die empfohlene Adresse mitten in der Stadt, 504, Gandhi Road, Tel. 04112/22 25 05.

Mit oder ohne Besteck?

Wundern Sie sich nicht, wenn selbst in besten Restaurants kein Besteck oder nur ein kleiner Löffel gereicht wird. Nach indischer Sitte isst man mit den Fingern der rechten Hand, weil es so nach einheimischer Vorstellung einfach besser schmeckt. Einer Anekdote zu Folge soll ein Schah von Persien von dieser Sitte so angetan gewesen sein, dass er sagte: »Mit Messer und Gabel zu essen sei etwa so, als liebe man eine Frau durch einen Mittelsmann.«

Begegnung mit Indien

Lage und Landschaft

India Bharat, die Republik Indien, erstreckt sich auf 3214 km von Nord nach Süd und an der breitesten Stelle über 2700 km von West nach Ost. Indien grenzt im Nordwesten an Pakistan, im Norden an China und Nepal, im Nordosten an Bhutan, im Osten an Bangla Desh und Myanmar (Birma). Im Südwesten bilden das Arabische Meer und im Südosten der Golf von Bengalen natürliche Grenzen. Die vorgelagerten Inselgruppen der Lakkadiven (im Arabischen Meer) sowie der Andamanen und Nikobaren (im Golf von Bengalen) sind ebenfalls Teil indischen Hoheitsgebiets.

Vier Großlandschaften kennzeichnen den Subkontinent. Die Gebirgsketten des **Himalaya** schirmen das Land nach Norden hin ab. Der höchste Berg Indiens, der 8590 m hohe Kanchendschönga, liegt im 1975 annektierten Unionsstaat Sikkim.

Die fruchtbaren **Schwemmlandebenen** der Flusssysteme von **Indus, Yamuna, Ganges** und **Brahmaputra,** die nach Süden anschließen, zählen seit undenklichen Zeiten zu den wichtigsten Siedlungsräumen Südasiens. Im Steppengürtel der Welt hingegen liegt die **Wüste Thar** im Nordwesten.

Den Hauptanteil der Landmasse macht jedoch die Hochebene des **Dekkanplateaus** aus. Die erdgeschichtlich älteste Scholle in Form eines sich nach Süden hin zuspitzenden Dreiecks wird von den parallel zu den Küsten verlaufenden Gebirgszügen der West- und Ostghats umrahmt. Nach Süden hin steigt das Plateau an, die höchsten Erhebungen des Südens sind die Nilgiri-Berge (2674 m) und das Cardamon-Gebirge (2424 m), das sich bis zur südlichen Landspitze, dem Kap Komorin, hinzieht.

Klima und Reisezeit

Der durch Indien verlaufende Wendekreis des Krebses teilt das Land in eine nördliche gemäßigte und eine südliche subtropische Zone. Größten Einfluss auf das Klimageschehen hat jedoch der Monsun (arabisch: Wind). Der den Regen bringende Wind bestimmt das Schicksal von Millionen von Menschen.

Die Regen- oder Monsunzeit beginnt in der ersten Junihälfte, erreicht im Juli/August mit heftigen Schauern den Höhepunkt und schwächt sich ab etwa Mitte September von Süd nach Nord allmählich ab. Die feuchten Luftmassen dieses **Südwestmonsuns** sparen weite Teile Südostindiens aus, ebenso die jenseits der Haupthimalayakette liegende Hochgebirgswüste von Ladakh.

Die Wintermonate zwischen Mitte Oktober und März sind im Norden regenfrei, die Tage sonnig und klar, die Nächte besonders im Dezember und Januar kühl. Der **Winter- oder Südostmonsun** beschert zwischen Oktober und Dezember dem Süden vereinzelt Regenschauer. Die Tage sind gleich bleibend subtropisch warm, die Nachttemperaturen sinken auch hier im Dezember/Januar besonders in Höhenlagen der Westghats und des Dekkanplateaus beträchtlich. Unberechenbar sind die Ausläufer von Zyklonen im Golf von Bengalen, die vor allem im Südosten zwischen Oktober und Januar mitunter heftige Schauer auslösen.

Die höchsten Temperaturen mit über 40 °C werden in den Sommermonaten im kontinentalen Norden gemessen – im April beginnen die Temperaturen zu steigen, im Juni, vor Einsetzen des Monsuns, erreichen sie ihren Höhepunkt. In den Küstenregionen und im Süden bleibt es hingegen das Jahr über tropisch feucht und schwül.

Für den größten Teil Indiens sind die Monate zwischen Oktober und März die **ideale Reisezeit.** Ladakh besucht man am besten zwischen Juli und Mitte September. Südindien ist zwischen Januar und April am trockensten.

Der Monsun

Sengende Hitze liegt über dem Subkontinent. Es ist Juni, die Erde ist ausgedörrt, die Luft flimmert. Millionen von Menschen warten auf den erlösenden ersten Regen. Wenn sich dann die dunklen Wolken entladen, laufen die Menschen wie kleine Kinder hinaus und lassen sich im Freudentaumel bis auf die Haut durchnässen. Die Bauern sind dem launischen und unberechenbaren Wind auf Gedeih und Verderb ausgesetzt. Regen bedeutet Überleben, Felder können bestellt werden, die Dorfbrunnen werden gefüllt. Von der Willkür des Windes hängt das Schicksal des Landes ab. Wo er ausbleibt, droht Hungersnot, wo er zu heftig tobt, verwüsten die vom Himmel stürzenden Wassermassen Felder und Dörfer – der Tanz der Freude zu Beginn des Monsuns endet für viele in Trauer.

Klima und Reisezeit

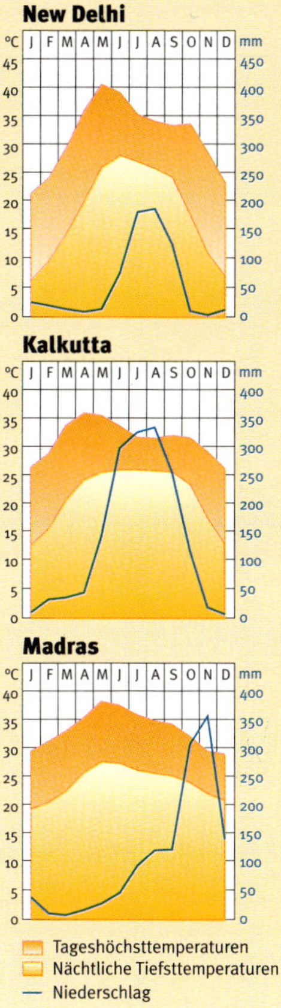

Flora und Fauna

Jahrhundertelanger Raubbau hat den Waldbestand bedrohlich dezimiert. Nur mehr 20 % der Gesamtfläche sind von Wäldern bedeckt, die Bodenerosion in den abgeholzten Bergregionen des Nordens hat trotz Aufforstungsprogrammen gefährliche Dimensionen angenommen.

Nadel- und Mischwälder bestimmen die Vegetation des Vorderen Himalaya. Fichten, Kiefern, Zedern, Eichen und Rhododendren wachsen bis zur Baumgrenze in knapp 4000 m Höhe. Laub abwerfende Monsunregenwälder mit Teak-, Rosen-, und Sandelhölzern bedecken die Westghats und die Dschungelgebiete des Dekkanplateaus.

Überall weit verbreitet sind indische Feigenbaumarten (Banyan oder *Ficus indica,* Bodhi oder *Ficus religiosa)* und der mit dünnen Luftwurzeln ausgestattete Bengalische Feigenbaum (Ficus bengalensis) sowie verschiedene Tamarisken- und Mangoarten.

Die subtropische Flora nimmt an Artenreichtum nach Süden hin zu und entfaltet in Kerala, der Heimat aromatischer Gewürze wie Pfeffer, Kardamom und Ingwer, eine üppige Pracht. Dichte Kokospalmhaine säumen die Sandstrände der Westküste, Kasuarinenwälder die Dünenlandschaft der Ostküste. Die größten Teeanpflanzungen sind in Assam, Darjeeling und den Nilgiri-Bergen.

Über 200 Tierreservate und Nationalparks sind über das Land verteilt. Seit Anfang der 1970er Jahre bemüht man sich sehr erfolgreich um den Artenschutz. Der in der Kolonialzeit drastisch dezimierte Großwildbestand ist dank strenger Schutzmaßnahmen auf bestem Weg, sich zu erholen. Bereits beträchtlich gewachsen sind die

Mahatma Gandhi

Populationen des Bengal- oder Königstigers, von Elefanten und Gaurs (Wildrinder), von Leoparden (lat. *Panthera)* und asiatischen Löwen – die ihren letzten Lebensraum im Gir Forest in Gujarat verteidigt haben – sowie des vom Aussterben bedrohten einhörnigen Panzernashorns in Assam. Ums Überleben kämpft nach wie vor der Schneeleopard im Himalaya.

Verschiedene Gazellen- und Antilopenarten, Wildschafe, Sambhar- und Axishirsche, Chitals, mehrere Affen- und Schlangenarten (u. a. Kobra, Python, Viper), Dromedare und Wildesel bevölkern den Kontinent. Adler, Eisvögel, Ibisse, Störche, Nashornvögel und viele andere gehören zur reichen Vogelwelt.

Bevölkerung

Die ethnische Minderheit der Ureinwohner, die so genannten **Adivasi** (»erste Siedler«) mit unterschiedlicher ethnischer Abstammung, lebt verstreut in kleinen Gruppen in Rückzugsgebieten. Als Nicht-Hindus stehen sie außerhalb des Kastenwesens und werden im Gesetz als »backward class« geführt, denen der Staat mittlerweile großzügige Sonderrechte einräumt.

Kasten

Offiziell sind sie schon sehr lange abgeschafft, und dennoch gibt es sie, die hierarchischen Bauklötze der Gesellschaftsstruktur. An der Spitze der Pyramide stehen die **Brahmanen,** einst Priester und Gelehrte, heute wie bei allen Kasten in vielen anderen Berufen tätig. Ihnen folgen **Kshatriyas,** Krieger und Adelige, und **Vaishyas,** Händler, Kaufleute und Geldverleiher. Die breite Basis bilden die **Shudras,** Bauern und dienendes Fußvolk. Neben den vier Hauptkasten existieren an die 3000 Subkasten *(jati)* verschiedener Stände und Berufe.

Seit 1950 garantiert die indische Verfassung die Gleichheit aller vor dem Gesetz, ermöglicht freie Berufswahl unabhängig von Kastenzugehörigkeit. Letzteres mit Erfolg. Unverändert jedoch bestimmt das Kastenwesen die orthodoxe Hindu-Gesellschaft auf dem Land.

Die Gesellschaftsstruktur göttlicher Natur und Abstammung, von den indoeuropäischen Eroberern vor rund 3000 Jahren begründet, hat keinen religiösen Hintergrund. Die ursprüngliche Bezeichnung *varna* (»Farbe«) weist darauf hin, dass es um die Hautfarbe und den Grad der Vermischung von dunkelhäutigen Drawiden und hellhäutigen Indoeuropäern ging. Auch heute ist die Hautfarbe von großer Bedeutung, Puder und Cremes, die die Haut bleichen, sind ein Renner, in Heiratsannoncen liest man oft den Wunsch nach einem hellen Teint des zukünftigen Partners.

Die heiligen Schriften – aus Brahmanenfeder – erklären die Hierarchie mit einem Gleichnis: Die Brahmanen entsprangen dem Haupt des Ahnherrn der Menschen Prajapati (oder Purusha), die Kshatriyas den Armen, die - Vaishyas dem Bauch und die Shudras den Beinen.

Die Portugiesen bezeichneten im 15. Jh. die Gesellschaftsstruktur mit *casta,* »nicht vermischt«, und trafen damit den Nagel auf den Kopf: In eine Kaste wird man hineingeboren, kann die Zugehörigkeit zu Lebzeiten nicht ablegen; auch Ehen werden nur innerhalb der Kaste arrangiert.

Völlig schutzlos außerhalb der Kasten standen einst die *Parias* oder »Unberührbaren«, von Mahatma Gandhi als *Harijans* oder »Kinder Gottes« bezeichnet. Ihnen waren unreine Berufe wie Straßenfeger oder Leichenbestatter zugeordnet, ihnen war bis in dieses Jahrhundert der Zugang zu Tempeln verwehrt, selbst ihr Schatten verunreinigte Dorfbrunnen oder Brahmanen. Die Abschaffung dieser sozialen Ungerechtigkeit hat wiederum die Kasten-Hindus verärgert: Die Unberührbaren, die sich selbst *Dalits* (»Unterdrückte«) nennen, zählen heute zu den so genannten »backward classes«, denen per Gesetz erhebliche Privilegien zugestanden werden: Sie zahlen kein Schulgeld, ein großer Teil der Arbeitsplätze im Staatsdienst sowie der Studienplätze sind für sie reserviert.

Im Süden

Ein stolzer Rajasthani

Wie die **Drawiden,** die Bevölkerung Südindiens, deren Herkunft nach wie vor ungeklärt ist, mussten sie ab 1200 v. Chr. dem Druck indoeuropäischer Völker aus Zentralasien weichen.

Die **Arya,** das »Volk der Edlen«, wie sie sich selbst nannten, hat sich innerhalb eines Jahrtausends als beherrschendes Kulturvolk durchgesetzt und das soziale System des »Varna« (»Farbe«) – später besser bekannt als »Kaste« – ins Leben gerufen. Heute stellen sie mit über 70 % die Majorität der indischen Bevölkerung mit dem Hauptsiedlungsraum im bevölkerungsreichen Norden des Subkontinents.

Die Drawida sprechenden Völker leben hauptsächlich in den südlichen Bundesstaaten Andhra Pradesh, Tamil Nadu, Karnataka und Kerala. Sie machen ca. 25 % der Gesamtbevölkerung aus, sind dunkelhäutiger und von später eindringenden Fremdvölkern (wie den Weißen Hunnen, Afghanen, Persern oder Turkvölkern) wenig beeinflusst.

In der entlegenen Region des Himalaya leben tibetischstämmige Minderheiten wie die Ladakhis im Nordwesten, die Bergstämme (u. a. Naga, Khasi, Bodo) im Nordosten und die Minoritäten nepalesischer Herkunft in Sikkim und Darjeeling. Trotz aller Bemühungen der Regierung ist die Familienplanung (sie ist zum Unterschied zu China freiwillig) wenig populär. Während sich in den Großstädten das »Ein-Kind-Programm« immer mehr durchsetzt, ist auf dem Land

Land & Leute

Wer denkt bei Indien nicht an Yogis und Schlangenbeschwörer? Doch wer weiß etwas über Swastika und OM, über Prasad und Puja? Wer kennt die Symbolik der Schlange oder des Papageis, wer weiß, dass die heilige Kuh als Segen spendende Mutter verehrt wird, rote Blumen als Ersatz für ein Blutopfer an die Göttin Kali dienen?

Wenn Sie dies und noch viel mehr über Ihr Gastland wissen wollen, sei Ihnen die Lektüre von **Land & Leute Indien** (Polyglott Verlag, München 2002) ans Herz gelegt.

nicht einmal das »Zwei-Kinder-Programm« besonders erfolgreich. Kinder sind der Stolz des Lebens, aber auch die Altersversorgung der Armen. 33 % der Bewohner sind jünger als 15 Jahre.

Sprache und Schrift

Sanskrit gehört zu den ältesten Schriftsprachen der Welt, in der bereits im 5. Jh. v. Chr. religiöse und wissenschaftliche Texte abgefasst wurden. Die zeitgenössische **Devanagari-Schrift** hat ihre Wurzeln ebenso im Sanskrit wie die nordindischen (indoeuropäischen) Sprachen. Die südindischen Drawida-Sprachen und -Schriften sind mit den nordindischen nicht verwandt und haben eigene Schriftbilder entwickelt.

Am 25. 1. 1965 wurde das nordindische **Hindi** zur offiziellen Staatssprache erhoben: Fast 40 % aller Inder sprechen es als Muttersprache.

Selbst mehr als fünfzig Jahre nach dem Ende der britischen Kolonialzeit spielt **Englisch** eine wichtige Rolle. Als Verständigungssprache zwischen dem Norden und Süden ist es unerlässlich. Englisch gilt als »assoziierte« Sprache im öffentlichen Leben und als Handelssprache.

Besonders im Drawida sprechenden Süden wird Englisch als Unterrichtssprache dem Hindi vorgezogen. Führende Tageszeitungen und Magazine erscheinen in Englisch, wobei in den Texten Hindi-Begriffe wie *lakh* für 100 000 oder *bandh* für Streik eingeflochten werden.

Von insgesamt 1652 Sprachen und Dialekten erkennt die Verfassung die folgenden achtzehn Hauptsprachen an: Als nordindische Sprachen Hindi, Bengali, Gujarati, Urdu, Oriya, Punjabi, Kaschmiri, Konkani, Manipuri, Marathi, Nepali, Rajasthani, Bihari, Assami. Als südindische Sprachen Tamili, Telugu, Kannada und Malayalam.

Ein Durchschnittsinder beherrscht neben der Muttersprache meist noch Hindi und Englisch. In staatlichen Schulen ist Hindi Unterrichtssprache, in Privatschulen Englisch. Sanskrit wird in eigenen Colleges gelehrt; das Studium von Sanskrittexten ist für die höhere Ausbildung vom klassischen Tanz bis hin zur sakralen Architektur unerlässlich, da die Textbücher der als heilig geltenden Schriften in Sanskrit verfasst sind.

Politik und Verwaltung

Um Mitternacht des 15. August 1947 wurden die unabhängigen Staaten Indien und Pakistan ausgerufen; nach fast dreihundert Jahren war die britische Kolonialherrschaft abgeschüttelt. Seit 1950 hat die demokratische Republik Indien (India Bharat) ein parlamentarisches Regierungssystem nach englischem Vorbild mit einem Ober- und Unterhaus. An der Spitze der Regierung steht der Premierminister, Oberhaupt des Staates ist der Staatspräsident. Derzeit wird die Republik in 28 Unionsstaaten mit eigenen Länderparlamenten und in 7 Territorien, die der Zentralregierung in Neu-Delhi unterstellt sind, gegliedert.

Der in den letzten Jahren zunehmende Regionalismus und Nationalismus hat nicht nur eine »Indisierung« von Städtenamen zur Folge (Bombay wurde zu Mumbai, Madras zu Chennai, Varanasi zu Kashi, Kalkutta zu Kolkata), sondern darüber hinaus eine weitere Aufsplitterung der vorhandenen Unionsstaaten, die seinerzeit im Wesentlichen nach Sprachzugehörigkeit geschaffen wurden. So wurden nach Vorstellung regionaler politischer Kräfte große Staaten wie Uttar

Pradesh, Madhya Pradesh und Bihar vor allem nach ethnischen Aspekten weiter unterteilt; so entstanden drei neue Staaten: Uttaranchal, Chattisgarh und Jharkand.

Wirtschaft

Obwohl Indien zu den 20 größten Industrienationen der Welt und zu den aufstrebenden asiatischen Wirtschaftsräumen zählt, arbeiten noch 65 % der Bevölkerung in der Landwirtschaft. Wichtigste Kulturpflanze ist der Reis, gefolgt von Weizen, Hirse, Mais und Gerste, wichtigste Agrarhandelsprodukte sind Zuckerrohr, Baumwolle, Jute und Erdnüsse. Indien ist der größte Teeproduzent der Welt und der viertgrößte Baumwolllieferant. Für den Export von Bedeutung sind Pfeffer, Kardamom und Cashewnüsse, während Chili, Ingwer, Kautschuk, Kaffee und Tabak für den Binnenmarkt von Interesse sind. Die Viehwirtschaft spielt eine untergeordnete Rolle, obgleich Indien 1/5 des Weltbestandes an Rindern besitzt. Da Fleischerzeugung aus religiösen Gründen nur eine geringe Rolle spielt, dürfte mehr als die Hälfte unproduktiv gehalten werden. Gedeckt wird der beachtliche einheimische Milchbedarf.

Steckbrief

- **Fläche:** 3 287 782 km² (20 % Waldbestand; 50 % fruchtbares Agrarland, davon rund ein Drittel bewässert)
- **Einwohner:** 1,04 Milliarden
- **Größte Städte (Einwohner):** Bombay (14,5 Mio.); Kalkutta (12 Mio.); Delhi (11 Mio.); Madras (6 Mio.), Bangalore (6 Mio.)
- **Stadtbevölkerung:** 28 %
- **Bevölkerungsdichte:** 348 Einwohner pro km²
- **Bevölkerungswachstum:** ca. 1,9 %
- **Analphabeten:** Männer 24,1 %, Frauen 45,8 %
- **Bevölkerung unterhalb der Armutsgrenze:** ca. 33 %
- **Durchschnittliche Lebenserwartung:** 63 Jahre

Neueste Trends

Seit der wirtschaftlichen Öffnung 1991 entwickelt sich Indien in Richtung Marktwirtschaft nach westlichem Vorbild. Als neuer Investitionsstandort für das internationale Kapital gewinnt das Land nicht zuletzt auf Grund der niedrigen Lohnkosten und des großen Reservoirs an qualifizierten Arbeitskräften immer mehr an Bedeutung. Die auf 250 Mio. angewachsene Mittelschicht garantiert eine stetig steigende Kaufkraft, die überwiegend der Konsumgüterindustrie zugute kommt.

Da die weitgehend ineffizienten Staatsbetriebe eine Belastung sind, wird eine Teilprivatisierung beispielsweise der Banken und Fluggesellschaften angestrebt. Stahl- und Rüstungsindustrie, Kernenergie, Flugzeug- und Bergbau und Elektrizitätserzeugung sollen staatlich bleiben.

Weltwirtschaftlich von Bedeutung ist Indiens Anteil an der Computerindustrie, v. a. in der Entwicklung von Software in Zusammenarbeit mit internationalen Großfirmen. Textil- und Lederwaren zählen zu wichtigen Exportprodukten, während die aufstrebende Autoindustrie den heimischen Markt bedient. Hauptschwierigkeiten bei der Entwicklung der Industrie sind das mangelhafte Transportwesen, das schlechte Straßennetz, die nicht ausreichende Energieerzeugung und der zähe Verwaltungsapparat.

Geschichte im Überblick

3. Jt. v. Chr. Im Indus-Tal existiert die erste städtische Hochkultur mit Siegeln aus Speckstein, Tonidolen und Bilderschrift. Hauptfundorte sind Mohenjo Daro und Harappa im heutigen Pakistan.

1400 v. Chr. Einwanderung indoeuropäischer Nomadenvölker aus Zentralasien, Überlagerung und Vermischung mit der Urbevölkerung; der Hinduismus entsteht.

6. Jh. v. Chr. Die religiösen Hymnen werden in den Veden (»Heilige Schriften«) zusammengefasst, alleinige Kenntnisträger sind die Brahmanen. Die Religionsstifter Buddha und Mahavira (Jainismus) wirken als Reformatoren gegen Polytheismus, das Kastenwesen und die Macht der Brahmanen.

273 – 232 v. Chr. Kaiser Ashoka erhebt den Buddhismus zur Staatsreligion.

4.– 8. Jh. n. Chr. Während der Gupta-Zeit entwickelt sich die buddhistische und hinduistische Kunst in Nordindien zu ihrer Blüte.

7.– 9. Jh. Die Pallava-Dynastie wird zu einer bedeutenden Seemacht in Südindien.

9.–13. Jh. Die Chola übernehmen die Macht in Südostindien.

1192 Der Afghane Mohammed Gori erobert Nordindien, besiegt den letzten Hindukönig Prithviraj und die verbündeten Rajputen. 1193 erobert er Delhi.

1206 Qutb-ud-Din Aibak gründet die erste muslimische Dynastie und lässt sich zum Sultan von Delhi ausrufen.

1398 Der Turkmongole Tamerlan erobert Delhi und setzt die Sayyiden als Herrscher ein.

1498 Vasco da Gama landet in Indien, europäische Händler und Missionare lassen sich an der Westküste nieder.

1526 Babur, ein Nachkomme Tamerlans, schlägt in der Schlacht von Panipat (nördlich von Delhi) Ibrahim Lodi und begründet die Ära der Mogulkaiser in Indien.

1555–1605 Kaiser Akbar (Enkel von Babur und Sohn Humayuns) dehnt das Mogulreich fast auf die Gesamtfläche des Subkontinents (mit Ausnahme des Südens) aus.

1600 Gründung der Britisch-Ostindischen Handelsgesellschaft. (1639 wird Madras britisch, 1661 Bombay, 1698 Kalkutta.)

1628–1658 Regierungszeit von Mogulkaiser Shahjahan (Erbauer des Taj Mahal).

1658–1707 Aurangzeb, einer der Söhne Shahjahans, reißt die Macht an sich. Als orthodoxer Sunnit geht er mit Feuer und Schwert gegen Hindus und Sikhs vor. Der organisierte Widerstand der Hindus wird von dem Marathen Shivaji (1627–1680) angeführt, die verfolgten Sikhs formieren sich zur militanten Gruppe.

1734 Nadir Shah plündert die Kaiserstadt Delhi, mit der Kriegsbeute gelangt der Pfauenthron nach Persien.

1757 In der Schlacht von Plassey, der ersten großen militärischen Aktion der Engländer in Indien, besiegt Robert Clive den mit Frankreich verbündeten Siraj-ud-Daula und legt in Bengalen den Grundstein für das Kolonialreich. Das Mogulreich war nach dem Tod Aurangzebs zerfallen, Marathen und

Geschichte im Überblick

Engländer kämpfen um die Vormachtstellung.

1773 Warren Hastings wird erster Generalgouverneur.

1829 Gesetzliches Verbot der Witwenverbrennung.

1857/58 Der Sepoy-Aufstand wird von den Briten mit Hilfe loyaler indischer Fürsten unterdrückt. Die East India Company wird aufgelöst, Indien unter die direkte Verwaltung der britischen Regierung gestellt.

1877 Königin Viktoria wird Kaiserin von Indien. Hauptstadt von Britisch-Indien ist Kalkutta.

1885 Gründung des Indian National Congress; die Befreiung von der Fremdherrschaft wird angestrebt.

1911 König Georg V. wird in der neuen Hauptstadt Delhi zum Kaiser gekrönt.

Ab 1920 Mahatma Gandhi ruft zum gewaltlosen Widerstand gegen die Engländer auf und wird dessen Symbol.

15. 8. 1947 Aus Britisch-Indien entstehen zwei neue unabhängige Staaten: Indien und Pakistan. Jawaharlal Nehru wird erster Ministerpräsident der Republik Indien.

1948 Erster indo-pakistanischer Krieg um Kaschmir. Mahatma Gandhi wird von einem fanatischen Hindu erschossen.

1961 Annexion von Portugiesisch-Goa.

1965 Zweiter indo-pakistanischer Krieg führt zur Festlegung der Waffenstillstandslinie in Kaschmir durch den Vertrag von Taschkent.

1966 Indira Gandhi, Nehrus Tochter, wird Ministerpräsidentin.

1971 Dritter indo-pakistanischer Krieg; das von Indien unterstützte Ostpakistan wird zum selbstständigen Bangla Desh.

1975 Das Königreich Sikkim wird Unionsstaat der Republik.

1983 Separatistische Bewegungen führen zu schweren Unruhen in Assam und im Punjab.

Juni 1984 Militärs stürmen den Goldenen Tempel in Amritsar, Hauptquartier der militanten Sikhs. Am 30. 10. Ermordung Indira Gandhis durch einen Sikh.

1985 Neuer Ministerpräsident wird Indiras Sohn Rajiv Gandhi.

1989 Die seit der Unabhängigkeit regierende Kongresspartei verliert die Wahlen, Sieger ist die neu gegründete nationale Hindupartei Bharatiya Janata (BJP).

1991 Ermordung von Rajiv Gandhi durch einen Extremisten der Tamil Tigers aus Sri Lanka.

1996 Die Kongresspartei verliert die Wahlen, bildet jedoch mit der United Front erneut die Regierung; die Koalition zerbricht im November 1997.

1998 Die nationale Hindupartei BJP stellt die neue Regierung, Atal Behari Vajpayee wird Ministerpräsident. Atomwaffenversuche Indiens und Pakistans erschüttern die Weltöffentlichkeit.

2001 Anschlag auf das Parlament in Delhi, für das Indien den pakistanischen Gehiemdienst und militante Pakistani verantwortlich macht. Die Folgen bringen Indien und Pakistan an den Rand eines neuen Kaschmir-Krieges.

2003 Dr. A. P. J. Abdul Kalam wird neuer Staatspräsident.

2004 Indien und Pakistan nehmen Friedensgepräche auf.

Religionen

Hinduismus

Der Hinduismus, eine Religion ohne Dogma und oberste religiöse Autorität, entstand durch die Verschmelzung eines animistischen Naturglaubens, der alten drawidischen Kultur und des indoeuropäischen Götterglaubens. Der Hindu glaubt an Seelenwanderung *(samsara)* und Wiedergeburt des Menschen bis zur Erlösung, das Eingehen der Seele in das *moksha*. Die Summe aller Taten und Handlungen, die ein Mensch während eines Lebens vollbringt *(Karma)*, werden nicht im Jenseits, in Himmel oder Hölle, vergolten, sondern im nächsten Leben. Das ewige Gesetz *(dharma)* regiert das Weltgeschehen, es ist unabänderlich und hält die kosmische Ordnung aufrecht.

82 % der Bevölkerung Indiens sind Hindus. Hindu kann man nicht werden, als Hindu wird man (in eine Kaste) geboren. Über Geburt und zukünftiges Leben bestimmt das Karma der vorhergegangenen Existenz. Respektierung der Götter und ein Leben nach guten, allgemein moralisch-sittlichen Grundsätzen (Einhaltung der Gewaltlosigkeit, *ahimsa)* münden in Wiedergeburten auf einer jeweils höheren Ebene.

Im Volksglauben mag die Erlösung auf dem Weg der Andacht und Pilgerschaft erzielt werden, religionsphilosophisch betrachtet jedoch nur durch die Einsicht in die allem Sein zugrunde liegende Identität von *atman* (Individualseele) und *Brahman* (Weltenseele). Diese Einsicht in die Ureinheit von Universum (Makrokosmos) und Einzelmensch (Mikrokosmos) setzt Vergeistigung voraus, die durch Yoga und Meditation erreicht wird.

Naga Sadhus, heilige Männer, kleiden sich nur mit Asche und Lendenschurz

Da es im Hinduismus keinen Religionsunterricht gibt, ist die Beziehung zwischen dem *Guru* (Lehrer) und dem *shishya* (Schüler) von sehr großer Bedeutung.

Nur schwer kann man die vielen Götter, die zu Tausenden die Tempelfassaden zieren und die Heiligtümer schmücken, voneinander unterscheiden. Kennzeichnend sind typische Attribute und Begleittiere. An der Spitze des Götterhimmels stehen Shiva,

Götterpantheon

Die Mehrheit der Hindus hat eine intensive Beziehung zu den Göttern – viele Millionen sollen es sein. Im Volksglauben werden sie vermenschlicht: Sie heiraten, haben Kinder, wollen durch Gebete und Opfergaben verwöhnt und verehrt werden. Sie haben unterschiedliche Namen und vielfältige Funktionen, sind aber oft nur Erscheinungsformen (Manifestationen) eines Gottes. Meist haben die Götter mehrere Arme, manchmal auch mehrere Köpfe – ikonographischer Ausdruck ihrer viel größeren geistigen und physischen Kraft.

Der Lingam – Symbol der Schöpfungskraft Shivas

Vishnu und Brahma. Die Anhänger des Gottes **Shiva** (Shivaiten) betrachten ihn als Schöpfer, Erhalter und Zerstörer. Seine verschiedenen Manifestationen reichen vom wohlwollenden Herrn des Universums *(Jageshvara* oder *Vishvanatha)* bis hin zum Furcht erregenden Zerstörer *(Bhairava)*. Shiva als großer Yogi *(Yogeshvara)* ist Vorbild der Asketen und Urheber der Yogalehre, als kosmischer Tänzer *(Nataraja)*, Schöpfer und Zerstörer. Als Leben spendender Zeugungsgott wird er im Phallus, dem **Lingam,** verehrt. Shivas Attribute sind Dreizack, Sanduhrtrommel, Pfeil und Bogen, Kobra, Axt, Gazelle, das dritte Auge und der Totenkopfstab, sein Begleittier ist der Bulle Nandi.

Den verschiedenen Erscheinungsformen Shivas entsprechend nimmt seine weibliche Energie oder *Shakti* unterschiedliche Gestalt an: z. B. als liebende Gattin *(Parvati* oder *Sati)*, als Bekämpferin von Dämonen *(Durga)* oder als blutrünstige Zerstörerin *(Kali)*. Sie trägt den Dreizack, die Gebetskette und die Sanduhrtrommel; als Durga reitet sie auf einem Löwen.

Die Anhänger **Vishnus** (Vishnuiten) betrachten ihre Gottheit als Schöpfer und Erhalter, nie jedoch als Zerstörer. Neun Manifestationen sind überliefert: Als Retter nahm er die Gestalt des Fisches *(Matsya)* und des Ebers

Tempel sind Gebetsstätte und Ort sozialer Kontakte

Vom Mythos des Lingam

Im Himmel herrschte Aufruhr, ein Streit der Götter um die Vorherrschaft im kommenden Zeitalter war entbrannt. Wer das größte Wunder vollbrächte, sollte in Zukunft als oberstes göttliches Wesen die Welt regieren. Vishnu glitt vor einem neuen Schöpfungsakt auf seiner Weltenschlange Ananta über den Urozean, als ihm plötzlich Brahma in Form eines strahlenden Lichterkranzes begegnete. Urplötzlich tauchte dann aus dem Nichts eine riesige Feuersäule am Firmament auf, formierte sich zu einem Lingam, dessen Anfang und Ende die Götter nicht erfassen konnten. Brahma erhob sich in Gestalt einer Wildgans in die Lüfte, Vishnu tauchte in Form des Ebers in die Tiefe. Doch vergeblich, weder konnte Brahma das Ende noch Vishnu den Anfang des Lingam finden. Da brach mit einem Mal der riesige Phallus auf, und Shiva erschien. Er hatte das größte Wunder vollbracht, indem er aus sich selbst hervorging und sich als höchste Macht des Alls den Göttern zeigte. Somit war die Oberhoheit Shivas gefestigt. Seither wird der Lingam als Symbol unendlicher Schöpfungskraft und des Universums verehrt.

In einem Tempel in Jaipur

(Varaha) an, erschien als Schildkröte *(Kurma)* ebenso wie als Mann-Löwe *(Narsimha)* oder Zwerg-Riese *(Vamana),* ist am populärsten als *Rama* oder *Krishna,* als *Parashurama* bekämpft er Unrecht mit der Axt und bringt als *Buddha* eine neue Heilslehre in die Welt des Leids. Vishnus Begleittier ist der Göttervogel Garuda. Seine weibliche Gefährtin *Lakshmi* wird als Göttin des Glücks verehrt. Beider Attribute sind Keule, Diskus, Muschelhorn und Lotosblume.

Nur wenige Tempel sind dem Schöpfergott **Brahma** geweiht. Nach Auffassung der Shivaiten und Vishnuiten ist Brahma nicht der Schöpfer aus sich heraus, sondern nur Werkmeister der Schöpfung im Auftrag eines der beiden Götter. Seine Attribute sind Gebetskranz, Opferlöffel, Opferkrug und die Veden; sein Begleittier ist der Schwan. Seine Frau *Sarasvati,* die Göttin der Wissenschaft und Künste, wird von Schülern und Studenten angerufen. Ihre Attribute sind die Vina (Saiteninstrument), die Veden, Opferkrug und Gebetskranz; ihr Begleittier ist der Pfau.

Zu den populärsten Göttern zählt der elefantenköpfige **Ganesha,** Sohn von Shiva und Parvati. Als Gott der Weisheit vermag er alle Hindernisse des Lebens hinwegzuräumen und schützt alle Reisenden.

Glück bringende Berührung

Naturgötter/Animismus

Die Vergöttlichung der Natur und von Naturerscheinungen geht auf die Frühzeit zurück. So haben der Sonnengott Surya, der Mondgott Chandra, der Regengott Indra, der Windgott Vayu, der Liebesgott Kama oder der Feuergott Agni ihren festen Platz im Götterhimmel, allerdings sind sie in ihrer Bedeutung gemessen an Shiva, Vishnu, Brahma und deren Shaktis zweitrangig. Weit verbreitet ist die Verehrung der Natur, die ihre Wurzeln im uralten Animismus hat. Die Baum- und Schlangenheiligtümer Indiens sind ungezählt.

Buddhismus

623 v. Chr. wurde der Fürstensohn Siddharta Gautama in Lumbini (im heutigen Nepal) geboren, der nach seiner Erleuchtung zum Buddha wurde. Die hinduistischen Brahmanenpriester, die allein Zugang zu den heiligen Schriften hatten, standen auf dem Höhepunkt ihrer Macht. Aus dieser zeitgeschichtlichen Situation entsteht der Buddhismus, eine Lehre, die ihre Wurzeln sehr wohl im Hinduismus hat, jedoch die Privilegien der Brahmanen ebenso ablehnt wie das Kastenwesen.

Die ursprüngliche Lehre Buddhas (Theravada) ist eine Lehre der Selbsterlösung. Wie im Hinduismus wird der

Glaube an Wiedergeburt und **Karma** vorausgesetzt, angestrebtes Ziel ist die Loslösung aus dem Zyklus der Wiedergeburten und das Eingehen ins **Nirvana.** Buddha hatte erkannt, dass das ganze Leben Leiden ist, hervorgerufen durch menschliche Begierden und Leidenschaften. Nur wer diese menschlichen Schwächen durch einen gerechten und gewaltlosen Lebenswandel überwindet, kann sein Seelenheil im Nirvana finden.

Im Laufe der Jahrhunderte verändert sich der Buddhismus: Buddha wird vergöttlicht, und eine Reihe unsterblicher Wesen auf der Vorstufe zur Buddhaschaft werden ihm als Helfer zur Seite gestellt. Die sog. **Bodhisattvas** verzichten dabei auf den Eingang ins Nirvana, um anderen Gläubigen auf dem Weg zur Erlösung durch Erleuchtung zu helfen (Mahayana-Buddhismus). Der größte unter den Bodhisattvas ist *Padmapani (Avalokiteshvara),* der Allerbarmer.

Jainismus

Im 6. Jh. v. Chr. verkündet der Religionsgründer und Zeitgenosse Buddhas Mahavira (»großer Held«) eine Lehre der Selbsterlösung, die auf der totalen Absage an das weltliche Leben basiert. Nur durch die Überwindung aller irdischen Versuchungen kann sich der Mensch aus dem Kreislauf der Wiedergeburten befreien, zum *Jina* (»Sieger«) über sich selbst werden und ins Nirvana eingehen. Die Lehre der Gewaltlosigkeit *(ahimsa)* wird zum Grundprinzip des Glaubens, in dem

Der Schutz des Lebens

Wie der Buddhismus so ist auch der Jainismus eine klare Antwort auf die Orthodoxie der Brahmanen, den starren Ritus und die Tieropfer. Die im 6. Jh. v. Chr. von Mahavira ins Leben gerufene Doktrin basiert auf Gewaltlosigkeit *(ahimsa)* und dem bedingungslosen Schutz des Lebens. Die knapp fünf Millionen zählende Minderheit gehört schon seit dem Mittelalter zur wirtschaftlichen Elite des Landes. Nach jainistischer Auffassung wird das Leben in drei Etappen unterteilt: die Phase des Lernens, gefolgt von der Phase des Erwerbs, die im letzten Stadium von Einkehr und Askese abgelöst wird. Die Beherrschung von Körper und Seele, »Jina« oder Sieger über Leidenschaft und Lust zu werden, bringen Erlösung aus dem Zyklus der Wiedergeburten. Ältere Jains ziehen sich oft aus dem Alltag zurück, hüllen sich in weiße Baumwolltücher, verlassen Heim und Familie und gehen besitzlos auf ihre letzte Pilgerreise mit dem Ziel des Erlöschens im Nirvana. Männer und Frauen übernehmen Tempeldienste, leben in einfachen Ashrams. Viele gehen barfuß, um den Tod eines noch so kleinen Lebewesens, das gefühllos mit den Schuhen zertrampelt werden könnte, zu verhindern. Als äußeres Zeichen totalen Verzichts verweigert die gerade in Südindien verbreitete, 2000 Jahre alte Sekte der »Luftbekleideten« (Digambaras) selbst das weiße Baumwollgewand. Ihr Vorbild ist der unbekleidete Asket Gomateshvara auf dem heiligen Berg in Sravanabelgola (s. S. 89).

Der Haupttempel von Ranakpur ist Adinath, dem ersten Jain-Tirthankara, gewidmet

kein Unterschied zwischen Mensch und Tier besteht.

24 Tirthankaras oder Propheten dienen als Vorbild; der letzte Prophet, Mahavira, gilt als historisch. Seit 2000 Jahren gibt es zwei Orden, die »Digambaras« (Luftbekleidete) sowie die »Shvetambaras« (Weiß gekleidete), die sich in Glaubenssätzen nur wenig unterscheiden.

Islam

»Es gibt keinen Gott außer Gott, und Mohammed ist der Gesandte Gottes«, so das islamische Glaubensbekenntnis. Der Islam ist die jüngste monotheistische Weltreligion, eine göttliche Offenbarungslehre, die auf den letzten Propheten Mohammed zurückgeht. 610 n. Chr., im Alter von vierzig Jahren, empfing Mohammed die erste Offenbarung, die ihm vom Engel Gabriel übermittelt wurde. Weitere folgten in den nächsten zwanzig Jahren. Das Wesen der Religion liegt in der »Ergebung in Allahs Willen« (= Islam). Glaubensgrundlage bildet des Gottes ureigenstes Wort, der Koran. Die göttliche Offenbarungsschrift des Islam beinhaltet die grundlegenden Glaubensgebote sowie die ethischen Lehren in 114 Suren (Kapitel). Hinzu kommen Berichte über frühere Propheten und die Schöpfungsgeschichte. Die im Koran enthaltenen Gesetze *(sharia)* führten zur Entstehung der islamischen Rechtswissenschaften.

Fünf Hauptpflichten bestimmen das Leben des gläubigen Muslim: Neben dem Glauben an einen einzigen Gott und der Anerkennung Mohammeds als dessen Propheten sind dies fünf tägliche Gebete, Almosengeben, Fasten während des Ramadan und eine Pilgerfahrt nach Mekka *(hadsch)*. Der Koran ist auch Quelle vieler philosophischer und mystischer Lehren. In Indien ist der Heiligenkult unter dem Einfluss des *Sufismus* (mystischer Islam; s. S. 47) weit verbreitet.

Sikh

Die Sikh-Religion entsteht im 16. Jh., als sich die Hindus gegen die vordringenden Muslime zur Wehr setzten. 1469 wird der Glaubensgründer Guru Nanak in Talwandi bei Lahore (Pakistan) geboren. Seine Lehre beinhaltet Glaubenswerte aus Islam und Hinduismus. Monotheismus, Ablehnung von Götteridolen und des Kastenwesens gehen auf den Islam zurück, der Glaube an Seelenwanderung und Wiedergeburt sowie an die spirituell reinigende Kraft des Wassers auf den Hinduismus. Dem altindischen Glauben ist auch die Notwendigkeit eines Gurus (Lehrer) entlehnt.

Das Wort »Sikh« wird als Bezeichnung für die »Jünger« von Guru Nanak verwendet, des ersten von insgesamt zehn Lehrern. Ihre Glaubensgrundsätze sind im *Granth Sahib,* der heiligen Schrift der Sikhs, niedergelegt, der in allen Sikh-Tempeln (Gurudwara) im Mittelpunkt der Anbetung steht.

Der letzte Guru, Gobind Singh (1666–1708), transformierte die Sikhs in eine militante Bruderschaft *Khalsa* (die »Reinen«). Danach sollten Sikhs sich von Andersgläubigen durch das Tragen der fünf »K's« unterscheiden: *kirpan* (Dolch), *kanga* (Holzkamm), *kara* (Eisenarmband), *kachha* (kurze Unterhosen) und *kesh* (ungeschnittenes Haupt- und Barthaar). Das Abschneiden des Haares ist verboten. Männer tragen einen Turban, dessen Form an keine Vorschrift gebunden ist. Rauchen und der Genuss von Alkohol sind verpönt. Die Zusammengehörigkeit wird durch den Beinamen »Singh« (Löwe) für Männer und »Kaur« (Löwin) für Frauen dokumentiert. Alle Menschen werden als gleich betrachtet. Die Sikh-Frau genießt höheres Ansehen und größere Freiheit als in anderen indischen Religionen.

Parsen

Die im 7. Jh. aus Persien geflohenen Anhänger der monotheistischen Lehre Zarathustras sind eine ethnische und religiöse Minderheit. Ahura Mazda, der altiranische Schöpfergott, wird im Symbol des Feuers verehrt und steht im Mittelpunkt des Kultes. Beim Gebet blickt der Parse auf das heilige Feuer, das von Zarathustra selbst vom Himmel geholt worden sein soll. Neben dem Feuer werden auch Erde und Wasser verehrt. Da die Elemente heilig sind und nicht verunreinigt werden dürfen (Verwesung zieht die bösen Kräfte der Finsternis nach sich), werden die Toten den Geiern zum Fraß ausgesetzt.

Kultur gestern und heute

Wer hat all die Kunstschätze Indiens geschaffen? Herrscher ließen Tempel bauen und gewaltige Festungsanlagen errichten. Sie beschäftigten Heerscharen von Spezialisten, die sich an die Lehrbücher der Architektur *(vastu vidhya)* zu halten hatten, eine individuelle Gestaltung war nur in geringem Maße möglich. Die Kunstgeschichte rühmt die Bauherren, benennt die Stile meist nach Dynastien – die Künstler bleiben anonym, ihre Namen sind oft gar nicht überliefert.

Architektur

In den ersten vorchristlichen Jahrhunderten entwickelte sich nach dem Vorbild des indoeuropäischen Hügelgrabs der **Stupa** als frei stehender Sakralbau, der als Reliquienbehälter für sterbliche Überreste Buddhas diente und später als Symbol des Kosmos interpretiert wurde. Der älteste aus frühbuddhistischer Zeit noch erhaltene ist der Stupa von Sanchi (3. Jh. v. Chr.; s. S. 59).

Ebenfalls bereits in vorchristlicher Zeit werden Kulthöhlen aus dem gewachsenen Stein der Westghats gehauen. Zunächst entstehen buddhistische **Höhlentempel** mit prächtigen Säulenhallen. Tonnengewölbe mit herausgearbeiteten, erhabenen Steinbalken lassen eine zeitgleiche Holzarchitektur vermuten. Hindus und Jains schaffen ebenfalls riesige Kulthöhlen. *Chaitya* (Gebetsräume) und *vihara* (Versammlungsräume) haben in der Apsis meist einen monolithischen Stupa oder Buddha. An den Wänden hinduistischer Höhlentempel findet

Eine von vielen Moscheen: die Jama Masjid in Delhi

Indiens mogulzeitliche Steinintarsien sind weltberühmt

man Großplastiken von Götterfiguren. Kunsthistorisch bedeutende Beispiele sind Elephanta (s. S. 70), Ellora und Ajanta (s. S. 72).

Den Übergang von der Höhle zum **frei stehenden Tempel** lässt sich am besten in Mahabalipuram (s. S. 79) nachvollziehen. Die noch monolithischen Bauten aus dem 6./7. Jh. n. Chr. sind einzigartig und werden an Größe und Schönheit nur vom Kailash-Tempel in Ellora (s. S. 72) übertroffen. Die ältesten frei stehenden Tempel stammen aus dem 7. Jh.; die einzeln bearbeiteten Steinblöcke wurden ineinander verzahnt und ohne Bindemittel aufeinander geschichtet, ein Turm hebt sie von weltlichen Gebäuden ab. Typisch für den nordindischen Nagara-Stil ist ein schlanker Turm *(shikara)* mit Zieraufsatz über der Cella. Dem Allerheiligsten sind Gebets-, Tanz- und Opferhalle vorgelagert. Im südindischen Drawida-Stil ist der Tempelturm pyramidenförmig *(vimana)* und von einem halbkugeligen Schlussstein bekrönt. Mauern umschließen das Tempelgelände, mächtige Tortürme *(gopurams)* überragen das Heiligtum. Die Blütezeit hinduistischer Tempelarchitektur sind das 8.–13. Jh.

Ab dem 11. Jh. kommen mit dem Islam viele neue Ideen ins Land, die Indien **Prunkbauten** von bislang unbekannter Größe bescheren. Im Land der Wiedergeburt, in dem Toten keinerlei Denkmal gesetzt wird, entstehen prächtige Grabmäler. Moschee und trutzige Festungen zeugen von der Macht indo-islamischer Herrscher. Die ornamentale Kunst steht der lebendig-figuralen des Hinduismus kontrastreich gegenüber. Drei Kuppeln krönen die typische Hofmoschee, eine Kuppel ein Grabmal. Die islamische Architektur gelangt unter den Mogulkaisern (16.–18. Jh.) zur Blütezeit. Ab dem 16. Jh. wird die mogulkaiserliche Architektur tonangebend, Hindufürsten lassen in Anlehnung gewaltige Burgen und Paläste errichten. Typisch für Indien ist der indo-sarazenische Stil, bei dem hinduistische Elemente in die islamische Bauweise einfließen. Im Kolonialstil vermengen sich europäische, islamische und hinduistische Vorstellungen. Neogotische und klassizistische Vorbilder werden ebenso aufgegriffen wie der islamische Kuppelbau und die hinduistische Ornamentik.

Kunsthandwerk

Tradition und Techniken wurden seit jeher von Generation zu Generation weitergegeben. Jede Region hat ihre Besonderheiten, viele Kunstrichtungen sind mit der Religion verbunden. So die **Steinmetzkunst,** die v. a. durch

Restaurierungsarbeiten an Tempeln wiederbelebt wurde. Steinintarsien, Einlegearbeiten von Halbedelsteinen in Marmor nach dem Vorbild der Meisterwerke am Taj Mahal, werden von Nachkommen der alten Gilden in traditioneller Schleiftechnik gefertigt.

Götterfiguren aus Rosen- oder Sandelholz stammen v. a. aus Südindien. Walnuss-Schnitzereien, Gebrauchsgegenstände aus Pappmaché sowie die Kunst des Teppichknüpfens, die auf die Mogulkaiser zurückgeht, sind in Kaschmir beheimatet.

Erheblich älter ist die Kunst des **Metallgusses.** Indische Bronzen werden seit Jahrhunderten im »Guss der verlorenen Form« produziert: Es werden ein Tonkern und ein Tonmantel angefertigt, zwischen denen ein wachsgefüllter Hohlraum besteht. In diesen wird die flüssige Metalllegierung gegossen, wobei das Wachs schmilzt.

Wie alle anderen Kunsthandwerker arbeiten auch die **Silberschmiede** nach traditionellem Design. Bekannt sind Arm- und Halsbänder, Fuß- und Nasenringe v. a. aus Rajasthan. Handgearbeiteter Goldschmuck aus Kerala und Tamil Nadu ist ebenso attraktiv.

Gewebte Kostbarkeiten

Indische **Seide** hat Weltklasse. Zentren der Seidenweberei sind Benares, Mysore, Kanchipuram, Kaschmir und Assam. Besonders wertvoll sind handgewebte, mit Goldfäden durchwirkte Seidensaris und Brokate. In auffallend brillanten Farben leuchten **Baumwollstoffe** aus Rajasthan, die in einer uralten Abknüpftechnik *(bandhini)* eingefärbt werden. Eine kostspielige Rarität sind echte **Kaschmirschals** aus dem Grannenhaar der Bergziege (Paschmina).

Musik und Tanz

Die indische Musik kennt zwar Noten, sie werden aber kaum benutzt. Musikthemen werden vom Lehrer an den Schüler weitergegeben, es bleibt Freiraum für Improvisationen. Die Melodik ruht auf einem Grundakkord, der während der gesamten Spieldauer von einem Saiteninstrument (Tambura, Sitar, Vina) variiert wird. Diesen Grundakkord malen männliche und weibliche Tonfolgen – *ragas* und *raginis* – aus, die Stimmungsbildern gleichen und bestimmten Tages- und Jahreszeiten zugeordnet sind. Ein Raga besteht aus einer Siebentonleiter mit zwei Haupttönen. Die auf- und absteigenden Töne der Tonskala werden in 22 Intervalle unterteilt. Die Hauptmelodie Raga wird durch die femininen Raginis ergänzt. Rhythmus und Takt gibt die Doppeltrommel (Tabla) an, unterstrichen durch die Fußschellen (Gungru) der Tänzer.

Der klassische Tanz ist stark stilisiert und erlaubt keine Improvisation – jede Hand- und Fingerbewegung, jede Regung des Gesichts, jede Körperstellung hat eine bestimmte Bedeutung. Früher wurde er von Tempeltänzerinnen *(devadasis)* allein zu Ehren der Götter aufgeführt. Heute wird der klassische Tanz in Schulen gelehrt und außerhalb der Tempel aufgeführt. Jahrelanges Training bringen vollendete Körperbeherrschung. Das Studium religiöser Schriften, Mythen und Götterlegenden ist Teil der Ausbildung. 108 Körperhaltungen und 64 Handgesten drücken Situationen und Emotionen aus, die Mimik spielt eine ebenso große Rolle. Wichtigste Tanzstile sind Bharata Natyam, Odissi, Mohini Attam und Kathak. Einzigartig ist das Tanzdrama Kathakali (s. S. 93).

Literatur

Zwei Jahrtausende alte Epen erfreuen sich ungebrochener Beliebtheit. **Mahabharata** und **Ramayana** werden Kindern wie ein Märchen erzählt, in beliebten Comics illustriert, dramatisch verfilmt oder im klassischen Tanz wiedergegeben. Grundthema beider Epen ist die Auseinandersetzung zwischen Gut und Böse. Am Kampf des Gottes Rama, Symbol der Gerechtigkeit, gegen den Dämonenkönig Ravana erhitzen sich die Gemüter im **Ramayana,** brüderliche Solidarität und eheliche Treue vermitteln zeitlose Tugenden. Der Sieg des Guten gipfelt in der Vernichtung von Ravana. Das 24 000 Zweizeiler umfassende Epos von Valmiki zählt zur Weltliteratur. Ähnlich das noch längere **Mahabharata,** das aus dem 5. Jh. v. Chr. stammen soll. Hauptthema ist der Krieg der miteinander verwandten Pandavas und Kauravas, in dem die bösen Kauravas vernichtet werden. Am bekanntesten und am häufigsten gelesen wird das sechste Buch (von 18), die »Bhagavadgita«. Im Lehrgespräch des Gottes Krishna mit Arjuna, einem der fünf Pandava-Brüder, verschmelzen Religion, Philosophie und Dichtkunst.

Die berühmtesten Vertreter der Literatur des 20. Jhs. sind der Nobelpreisträger **Rabindranath Tagore** und der in Bombay geborene **Salman Rushdie.** Tagores Schaffen ist tief in der hinduistischen Tradition verwurzelt. Seine Erzählungen, Gedichte, Aphorismen und Romane wurden in viele Sprachen übersetzt. Bekannte Werke Rushdies sind: »Mitternachtskinder« (1981), »Satanische Verse« (1989), »Des Mauren letzter Seufzer« (1996). Einen bemerkenswerten Einblick in das dörfliche Indien vermittelt **Kamala Markandaya** (geb. 1930) in ihrem Roman »Nektar im Sieb« (1954). **Anita Desai** (geb. 1937) zeichnet in ihren Werken dramatische Einzelschicksale nach (»Berg im Feuer«, 1977; »Baumgärtners Bombay«,

Festekalender

Endlos ist die Kette der Feste. Jede Religion und Region, viele Großtempel und Klöster begehen jährlich ein eigenes Fest, häufig von einem Jahrmarkt *(mela)* begleitet. Alle religiösen Feste richten sich nach dem Mondkalender.

- **Januar/Februar: Pongal,** das Erntefest in Südindien, wird vor allem in Tamil Nadu gefeiert.
- **Februar/März: Mahashivrati,** das größte Fest zu Ehren Shivas, wird von Tausenden von Gläubigen in Tempeln und Wallfahrtsorten Shivas gefeiert. Danach folgt in Nordindien **Holi** zum Frühlingsanfang, bei dem ausgelassen Farbpulver und Wasserfarben verspritzt werden. (Zu beiden Festen siehe auchSeite 6/7.)
- **April/Mai: Baisakhi,** das hinduistische Neujahrs- und Erntedankfest, wird in Indien unterschiedlich begangen: Im Punjab beispielsweise werden Bangra-Tänze aufgeführt, in Tamil Nadu Elefantenumzüge veranstaltet. **Muharram** heißt das muslimische Fest, das an den Märtyrertod des Imam Hussein, eines Enkels Muhammads, erinnert. An **Id-ul-Fitr** wird ausgelassen das Ende des Fastenmonats Ramadan gefeiert (an Neumond,

1988). Die Zerissenheit einer indischen Frau zwischen Tradition und Emanzipation beschreibt **Sashi Deshpande** in »Das Dunkel birgt keine Schrecken« (1980). Die zeitkritische Betrachtung von Religion, Kaste und Familie, der 1997 erschienene Roman »Gott der kleinen Dinge« (»God of small things«) von **Arundhati Roy** aus Kerala, hat weltweit Furore gemacht. Internationale Erfolge feierten auch die in den USA lebenden Inder **Chitra Banerjee Divakaruni** und **Manil Suri** mit ihren Erstlingsromanen »Die Hüterin der Gewürze« (1997) bzw. »Vishnus Tod« (2001). Spannung verspricht der historische Roman von **Vikram Seth** »Eine gute Partie« (1999).

verschiebt sich jährlich um einen Monat nach vorn). Mit **Buddha Jayanti** erinnern die Buddhisten am Vollmondtag im Mai an Geburt, Erleuchtung und Tod Buddhas.

- **Juni/Juli:** Mit dem **Rath-Yatra-Tempelwagenfest** in Puri gedenken Tausende von Pilgern des Gottes Vishnu als Herrn des Universums. Auf prunkvollen Tempelwagen werden Statuen des Gottes und seiner Geschwister durch die Stadt gezogen. Zwei Tage lang wird in Ladakh das **Klosterfest von Hemis** mit Maskentänzen der Mönche gefeiert.
- **Juli/August:** Der Beginn der Monsunzeit wird besonders in Rajasthan beim **Teej-Fest** zu Ehren der Göttin Parvati begangen. Zum **Raksha Bandhan** werden in Nordindien die geschwisterlichen Beziehungen durch Anbinden von Rakhi-Bändern ums Handgelenk erneuert. Mittelpunkt des **Nag Panchami,** eines Fruchtbarkeitsfestes, ist die Kobra. Im Juli/August ist auch die Zeit der **Klosterfeste** in Ladakh.
- **August/September:** In ganz Indien feiert man **Janmasthami,** den Geburtstag Krishnas. Besonders in den Krishna-Tempeln von Mathura und Brindavan beten Tausende von Pilgern ohne Unterlass. Kerala feiert das **Onam-Erntefest** mit Schlangenbootrennen. Der elefantenköpfige Gott ist Mittelpunkt des **Ganesh Chaturthi** in Maharashtra, wo vor allem in Bombay und Pune bunte Tonstatuen durch die Straßen getragen werden.
- **September/Oktober: Dussehra,** das wohl populärste Fest, wird in ganz Indien 10 Tage lang gefeiert. Es erinnert an den Sieg Ramas über den Dämonenkönig Ravana. Im Norden stehen Ramayana-Aufführungen im Mittelpunkt, Mysore feiert mit eindrucksvollen Prozessionen. **Kulu-Dussehra** im nordindischen Kulu-Tal ist eine Besonderheit: Hunderte von Dorfgeistern in Form von Metallmasken werden auf Sänften zum Festplatz getragen, wo sie symbolisch die oberste Gottheit des Tales, Ragunath (= Vishnu), huldigen.
- **Oktober/November:** Das Lichterfest **Diwali** markiert in ganz Indien den Beginn des hinduistischen Neujahrs. Häuser werden illuminiert, Lakshmi, die Göttin des Glücks und Wohlergehens, wird in die Wohnungen eingeladen, Knallkörper und Feuerwerke werden abgeschossen. **Pushkar Mela** in Rajasthan ist Anlass für den größten Kamelmarkt und eine Wallfahrt zum heiligen See.

Malerei

Volkstümlich ist die in Rajasthan beheimatete **Phad-Malerei.** Die auf Leinwand gemalten Balladen geben Volkssagen detailgetreu wieder. Religiöse Motive, vor allem Krishna-Darstellungen stehen im Mittelpunkt der **Pichwai-Malerei** aus Rajasthan.

Die im 19. Jh. unter Einfluss der Europäer in Südindien aufkommende **Glasmalerei** erfreut sich neuer Beliebtheit. Bunte Götterbilder, oft mit reichlich Blattgold versehen, und Porträts der Aristokraten dominieren die Themen höfischer Glasmalerei.

Persisch beeinflusst ist die höfische **Miniaturmalerei.** Bis ins feinste Detail ausgearbeitet sind Miniaturen nicht nur kostbare Kunstwerke, sondern auch einmalige Zeitdokumente. Sie geben Einblick in das höfische Leben der Mogulkaiser und Hindukönige. Wer Miniaturen betrachtet, kann sich eine Vorstellung von Pracht und Prunk heute verlassener Paläste und Forts machen. Miniaturen als religiöse Bilder haben heilige Schriften illustriert und erst später Wände geziert. Unter den Mogulkaisern wurde die Miniaturmalerei besonders gepflegt und von Hinduherrschern erfolgreich imitiert. Neben Jagd-, Kriegs- und Hofszenen der Mogulschulen entstehen religiöse Bilder, die oftmals von der Musik inspiriert sind. In diesen »Rag-Mala«-Bildern verschmelzen Malerei und Musik zum Gesamtwerk. Der Genuss eines solchen Bildes entfaltet sich erst in der genauen Betrachtung und Aufschlüsselung des Motivs nach männlichen und weiblichen Tonabfolgen (*ragas* und *raginis*), die wiederum bestimmte Stimmungen ausdrücken. Dicke Regenwolken, Donner und Blitz, ein balzender Pfau sind typisch für einen romantischen Monsun-Raga voll erotischer Spannung.

Kulinarische Genüsse

Reich ist die Palette aromatischer Gewürze, vielfältig die Zubereitung von Fleisch-, Fisch- oder Gemüsegerichten. Jeder Landstrich, jede Glaubensgemeinschaft, selbst jede Familie schwört auf eigene Rezepte, deren Basis *masala,* eine spezielle Würzmischung, ist. Bis zu 25 verschiedene Gewürze verwandeln eine Speise zur kulinarischen Spezialität. Jede Mahlzeit besteht aus mehreren Gerichten, wobei das Hauptnahrungsmittel Reis die größte Portion ausmacht (im Norden häufig durch Fladenbrote ersetzt). Vorspeisen fehlen, mit Ausnahme der anglo-indischen Suppe Mulligatawny (»Pfefferwasser«).

Indische Küche kann, muss aber nicht scharf sein. Roter und grüner Chili bringen das berüchtigte Feuer, welches sich am besten mit Reis und Joghurt *(curd)* löschen lässt. Mit dem Zusatz »Not so spicy« bei der Bestellung kann die Schärfe etwas reduziert werden.

Die **vegetarische Küche** ist eine Klasse für sich. Selbst eingefleischte Fleischesser werden vor allem vom variantenreichen fleischlosen Angebot des Südens überrascht. Größter Beliebtheit erfreut sich im Norden die **Tandoori-Küche.** Im Tandoor-Lehmofen werden nicht nur herrliche Fladenbrote wie *naan* gebacken, sondern köstlich gewürzte Hühner (Tandoori Chicken), Fleischspieße (Kebab) und Fisch (Tandoori Macchi). Gemüsebeilagen sind hier oft »trocken«, d. h. ohne Sauce zubereitet und mild abgeschmeckt.

Roti (Brot), Reis und *dhal* (Hülsenfrüchtebrei) gehören zur Grundnah-

Indiens Küche lebt von den Gewürzen

Essensstände gibt es viele

rung. Fladenbrote aus Vollkornmehl *(chapati* und *paratha)* sind sättigend. *Aloo paratha* oder *gobi paratha* mit Kartoffeln oder Blumenkohl gefüllt, frittierte Gemüseteilchen *(pakoras)* und in Fett gebackene Krapfen *(samosas)* sind pikante Leckereien. Hauchdünne Fladen aus Kichererbsenmehl *(pappadam)* werden fast überall zum Knabbern gereicht, während der mit Gemüse gefüllte knusprige Pfannkuchen aus Reis- oder Linsenmehl *(masala dosa* und *vada)* am besten im Süden schmeckt.

Mit Rosenwasser und Kardamom werden häufig Süßigkeiten abgeschmeckt. Besonders üppig sind die Favoriten: Reispudding *(kheer)*, walnussgroße Milchbällchen in Zuckersirup *(ras gula)* oder Sahne *(ras malai)* sowie sirupgefüllte Zuckerkringel *(jelabi)*.

Currys

Weltruf genießen die indischen Currys (s. auch S. 11). Sie sind eine Spezialität der südlichen Regionen. Kombinationen von Kurkuma, Kardamom und Koriander, Ingwer, Muskat oder Mohnsamen und nicht zuletzt das Gewürzblatt *karipatta*, von dem der Name *kari* (englisch: Curry) kommt, verleihen jeder Speise einen besonderen Geschmack.

Getränke

Verglichen mit der phantasievollen Küche ist das Angebot einheimischer Getränke bescheiden. Kreuzkümmel-Tamarinden-Wasser *(jeera pani)*, Buttermilch *(lassi)* und Limettensaft *(nimbu pani)* werden neben dem Nationalgetränk Tee bevorzugt. Am beliebtesten ist fermentierter schwarzer Tee. Wer Tee mit Zucker und Milch (»ready made tea«) oder mit Gewürzen *(masala chai)* zubereitet, wird vom feinen Aroma nichts mehr schmecken. Aus heimischen Brauereien stammen eine Vielzahl von Biermarken. Cashewnuss-Schnaps *(feni)* ist besonders in Goa beliebt. Ausländische Weine sind teuer, indische Rot- und Weißweine preiswerter und durchaus genießbar.

Urlaub aktiv

Ein besonderes Erlebnis sind **Wanderungen** in der Hochgebirgswüste von Ladakh und Zanskar (Westhimalaya). Gipfelaspiranten und Trekker seien jedoch vor der Höhenkrankheit gewarnt: »Niedrigster« Ausgangspunkt ist Leh (3600 m). Spezialveranstalter bieten im Sommer Touren unterschiedlicher Schwierigkeitsgrade an (Welcome Travels, New Delhi, 405, Skipper Corner, 88 Nehru Place, Tel. 011/26424638, Fax 26443037). Touren im Wanderparadies Garhwal im Vorderen Himalaya (ab Rishikesh, Uttar Pradesh) und in Himachal Pradesh (ab Manali) sind der geringeren Höhe wegen weniger beschwerlich (ab Rishikesh: Garhwal Himalayan Exploration, Tel. 0135/431654; ab Manali: Himalayan Adventures, Tel. 01902/52365).

Aktiv- und Abenteuertourismus wird immer beliebter: River-Rafting in Ladakh, Garhwal und Himachal Pradesh (Garhwal Himalaya Exploration, s. o., Himalayan Institute of Adventure Sports, Manali, Tel. 01902/53050), Drachenfliegen und Ballonfahren.

Golfplätze stammen aus britischer Zeit. Eine Kombination von Besichtigung und Golf bietet der Spezialist India Vision Tours & Travels (306, Guru Arjun Dev Bhawan, Ranjit Nagar Complex, New Delhi 110008, Tel. 011/25707272, Fax 25702727) an.

Organisierte **Kamelsafaris** in Rajasthan werden von vielen Veranstaltern angeboten. Landschaftlich und kulturell attraktiv sind Safaris rund um Jaisalmer und Jodhpur. Ein idealer Trip für alle, die den ungewöhnlichen Zauber der Steppe und Wüste suchen, einen Sonnenuntergang in den Dünen genießen und die Atmosphäre alter Karawanenreisen schnuppern wollen.

Unterkunft

Die teuren Luxushotels der Metropolen entsprechen dem internationalen Standard. Für Geschäftsleute sind »Business Floors« mit eigener Lounge eingerichtet. Mehrere Restaurants, Einkaufsarkade und Swimmingpool entsprechen der Fünf-Sterne-Kategorie. Mehr Lokalkolorit besitzen die Traditions- oder Heritage Hotels, die keiner herkömmlichen Hotelnorm entsprechen und nach Größe, Ausstattung und Komfort zwischen fünf und drei Sternen einzuordnen sind; wer den Hauch von Nostalgie schätzt, ist in diesen romantischen Häusern gut untergebracht (die meisten gibt es in Rajasthan).

Aus der Kolonialzeit stammende Hotels, Maharajapaläste und mittelalterliche Residenzen von Adeligen bieten heute recht unterschiedliche Unterkünfte – die Preise allerdings sind – mit Ausnahme eleganter Suiten – gleich.

Alles, was unter drei Sterne hat, ist bestenfalls schlicht. Sauberkeit und Sanitäreinrichtungen lassen in diesen unteren Kategorien mehr oder weniger zu wünschen übrig.

Die Häuser der größten indischen Hotelketten Taj, Oberoi und Welcome Group sind in der oberen Preiskategorie (wie auch die Joint-Venture-Hotels Hyatt, Sheraton, Four Seasons oder Radisson) angesiedelt. Eine rechtzeitige Reservierung, v. a. in den Geschäftszentren Delhi und Bombay, ist unerlässlich. Die höchsten Übernachtungspreise haben die Hotels in Delhi, Madras und Bombay. Hotels der oberen Kategorien haben in Dollar quotierte Preise; Angaben jeweils ohne Berücksichtigung der Zusatzssteuern, die in den verschiedenen Staaten unterschiedlich hoch sind (10–20 %).

Reisewege und Verkehrsmittel

Anreise

Die Flugverbindungen von Frankfurt/M. nach Indien sind stark ausgelastet, rechtzeitige Buchung und Reservierung daher erforderlich. Die Flugzeit beträgt etwa acht Stunden. Die deutsche Lufthansa fliegt mehrmals wöchentlich nonstop nach Delhi, Mumbai (Bombay), Chennai (Madras) und Bangaluru (Bangalore).

Reisen im Land

Mit dem Flugzeug

Im innerindischen Flugverkehr ist zu beachten, dass an den Anzeigetafeln die alten Namen für Bombay, Madras und Kalkutta nicht mehr erscheinen und durch Mumbai, Chennai und Kolkata ersetzt wurden! Das größte Flugnetz innerhalb Indiens betreibt die staatliche Indian Airlines mit der Tochtergesellschaft Alliance Air. Daneben gibt es private Fluggesellschaften wie Jet Airways, Sahara Airlines und Deccan Airwasy. Die Inlandsflüge sind häufig überbucht. Rechtzeitige Reservierung und Rückbestätigung des Fluges (nach Möglichkeit 72 Stunden im Voraus) sind ein absolutes Muss.

Tipp Indian Airlines bietet für Ausländer verbilligte Sondertarife an. Das 21 Tage gültige **Discover India Ticket** kostet 750 US $ (14 Tage, 500 US $); beide berechtigen zu unbegrenztem Fliegen im Rahmen einer Rundreise während ihrer Gültigkeit. Beide sollen im Ausland gebucht werden (in Indien nur gegen US $). Für »Jugendliche« zwischen 12 und 30

Busse und Züge sind die wichtigsten Verkehrsmittel für die Bevölkerung

Jahren sind die 25 % Ermäßigung der *Youth Fare* interessant.

Mit dem Autobus

Expressbusse verbinden die Städte; als Luxusbusse sind sie klimatisiert und mit Video ausgestattet. Lange Überlandfahrten mit öffentlichen Bussen sind abenteuerlich, besonders auf stark befahrenen Strecken (riskante Überholmanöver). Fahrkarten (für Langstrecken vorab reservieren!) sind an den Busbahnhöfen und den Interstate Bus Offices erhältlich. In vielen Städten gibt es mehrere Bus Terminals für Überlandbusse.

Mit der Eisenbahn

Wer Indien mit der Bahn erkunden will, braucht Zeit. Preisgünstig und pünktlich sind Schnellzüge, der bürokratische Aufwand bei Kauf und Reservierung der Fahrkarten ist aber erheblich. Der schnelle **Shatabdi** verbindet Delhi, Agra, Gwalior, Jhansi und Bhopal, Delhi mit Jaipur sowie Delhi mit Chandigarh bzw. Amritsar, und Madras mit Bangalore.

Luxuszüge: Die Erwartung an so genannte Luxuszüge sollten nicht zu hoch gesteckt werden! Die Sitze sind bequem, die Abteile klimatisiert, doch die Fenster sind klein und getönt. Achtung vor Dieben auf Großbahnhöfen!

Der klimatisierte Luxuszug **Royal Orient Express** fährt nach Rajasthan und Gujarat. Routenverlauf: Delhi – Chittorgarh – Udaipur – Ahmedabad – Junagadh – Veraval – Palitana – Ahme dabad – Jaipur – Delhi. Im Tourenpreis (8 Tage; um 350 US$ pro Person und Tag in der Doppelbettkabine) inbegriffen sind vollständige Verpflegung im Zug und während der Zwischenaufenthalte, geführte Besichtigungen, Elefantenritt in Amber, Bootsfahrt in Udaipur und verschiedene kulturelle Programme. Jeder Salonwagen hat vier Doppelbettabteile mit zwei Duschen und Toiletten und einen Gesellschaftsraum. Viele der relativ weiten Strecken werden nachts zurückgelegt. Der **Palace on Wheels** verkehrt auf folgender Route: Delhi – Jaipur – Chittorgarh – Udaipur – Sawai Madhopur/Ranthambohor – Jaisalmer – Jodhpur – Bharatpur/Agra – Delhi (pro Person/Tag um 350 US$ in der Doppelkabine) Ab Herbst 2004 verkehrt der neue Luxuszug **The Deccan Odyssey** zwischen Mumbai und Goa.

i **Asra Orient,** Kaiserstr. 50, 60329 Frankfurt/M., Tel. 0 69/ 2 56 27 20, Fax 25 62 72 74, www.asraorient.de. Infos und Buchungen für die Luxuszüge.

Mit dem Mietwagen

Internationale Leihwagenfirmen (Hertz, Budget Rent-a-Car) sind in allen Großstädten vertreten. Wer mit dem indischen Verkehr, den Straßenverhältnissen und der Ausschilderung nicht vertraut ist, sollte unbedingt einen Chauffeur engagieren (Vermittlung über Reiseagenturen vor Ort und die Büros von Indiatourism.

Der Palast auf Rädern

Reisen wie einst die Maharajas ist kein Traum. Der legendäre Luxuszug »Palace on Wheels« fährt wöchentlich von Delhi ins märchenhafte Rajasthan. Ein nostalgischer Trip mit königlichem Ambiente: »Royal welcome« und »afternoon tea«, salutierende Elefanten und Rajasthani-Musik, Kamelritt, Tigersafari und die Besichtigung von Monumenten.

Jeder Salonwagen (mit vier Doppelbettabteilen mit Dusche/WC) hat einen »khidmatgar« oder Diener. Bibliothek und Bar sind wohlbestückt. Die stilvoll dekorierten Salonwagen, einst Stolz der Maharajas, wurden detailgenau nachgebaut, klimatisiert und den Komfortansprüchen der Neuzeit angepasst.

In den Speisewagen »Maharaja« und »Maharani« werden europäische und indische Köstlichkeiten serviert.

Kaum zu glauben, was während der achttägigen Reise alles geboten wird. Die kulturellen Höhepunkte von Rajasthan, entlegene Wüstenmetropolen und liebliche Residenzstädte, prächtige Paläste und Patrizierhäuser. Aber auch die Natur kommt nicht zu kurz, denn der Wüstenstaat bietet vieles – von Sanddünen bis zum Dschungel. Ehemalige Jagdreviere der Maharajas sind heute Tierreservate und laden zur Fotojagd ein. Krönender Abschluss dieser exklusiven Tour ist sicherlich das weltberühmte Taj Mahal (s. S. 44).

Seite 39

Delhi und der Norden

Kein Wunder, dass Indiens Norden mit der größten Besucherzahl auftrumpfen kann. Wer möchte nicht das Taj Mahal sehen, den legendären Prunk der Maharajas im alten Königsland Rajasthan erleben, einen Blick auf die erotisch-prickelnden Hindutempel in Khajuraho werfen oder die Morgenstimmung am heiligen Ganges in Varanasi spüren. Zweifelsohne – die Reise beschert jeden Tag einen neuen Höhepunkt. Delhi – Agra – Jaipur wurde zum »Goldenen Dreieck« gekürt, Städte mit einer Dichte an Sehenswürdigkeiten, in denen der Tourismus boomt, die aber nur ein Bild im reichen Kaleidoskop ausmachen. Wer mehr über Indien erfahren will, muss aufs Land – ins stille Sanchi etwa oder in die Hochgebirgswüste nach Ladakh mit seinen einsamen buddhistischen Klöstern.

Schönheitssalon auf der Straße

Delhi ❶

Extrem unterschiedlich sind die Stadtbilder von Alt- und Neu-Delhi, extrem unterschiedlich die Lebensbedingungen in den rasant anwachsenden Vorstädten der Upper Class und den nur einen Steinwurf entfernten Hütten Arbeit suchender Zuwanderer. Von keinem Punkt kann man die enorme Ausdehnung der Elf-Millionen-Metropole – Indiens drittgrößter Stadt – ausmachen.

Bis zur Unabhängigkeit ist die Geschichte von Fremdvölkern geprägt. Keine indische Stadt blickt auf so viele Eroberungen und Neugründungen zurück wie Delhi. 1193 bezwingt der Afghane Mohammed Gori das Reich des Hindufürsten Prithviraj und leitet für die folgenden Jahrhundert eine Ära muslimischer Eroberungen ein. 1206 wird der Türke Qutb-ud-Din Aibak, Begründer der Sklavendynastie, Sultan von Delhi. 1290 übernimmt die türkische Khilji-Dynastie die Macht und

Kontraste

Delhi hat viele Gesichter, New Delhi sicherlich das angenehmste: Breite Alleen, gepflegte Parkanlagen und blühende Gärten, zwischen denen sich schmucke Bungalows verstecken und Regierungsgebäude im Kolonialstil charakterisieren den von den Briten großzügig angelegten Stadtteil. Auf eine ganz andere Welt treffen Sie in Alt-Delhi: In engen, verwinkelten Gassen und überfüllten Bazarstraßen pulsiert das Leben, herrscht geschäftiges Treiben.

Seite 39

Straßenmarkt in der Altstadt

Im Roten Fort von Delhi

gründet eine neue Stadt. 1321 lösen die Tughlaqs die Machthaber ab. 1398 erobert der Turkmongole Tamerlan den Raum von Delhi; er setzt die afghanischen Dynastien der Sayyiden und Lodis (1414–1526) als Herrscher ein.

Babur, ein Nachkomme Tamerlans, legt 1526 den Grundstein für eine fast 300-jährige Mogulherrschaft. Bedeutende Monumente der Stadt gehen auf die Zeit der Mogulkaiser Humayun und Shahjahan zurück. Shahjahan, der fünfte Mogulkaiser (1628–1658), verlegt seine Residenz von Agra und gründet eine ummauerte Stadt – Shahjahanabad, das heutige Alt-Delhi.

1858 wird der letzte Mogulkaiser Bahadur II. von den Briten entmachtet. 1911 verlegt die britische Verwaltung ihren Sitz von Kalkutta nach Delhi – Neu-Delhi entsteht. Nach der Unabhängigkeitserklärung 1947 wird Delhi Hauptstadt der Republik, die sich seit der wirtschaftlichen Öffnung des Landes 1991 zum wichtigsten Drehkreuz internationaler Geschäfte entwickelt.

*Rotes Fort Ⓐ

Aus rotem Sandstein ist die Befestigungs- und Palastanlage des Mogulkaisers Shahjahan gebaut. Östlich der Altstadt zeichnen sich die 16 m hohen Außenmauern der Zitadelle ab. Kaum zu fassen, dass nur neun Jahre (1639 bis 1648) bis zur Fertigstellung benötigt wurden. Man betritt die Anlage durch das Lahore Gate. Eine überdachte Bazarstraße führt zum *Naubat Khanna* (Musikpavillon), an dem einst alle Besucher vom Pferd steigen mussten. Die Säulenhalle der **Diwan-i-Am,** der öffentlichen Audienzhalle, ist ein klassisches Beispiel der Mogularchitektur. Der Kaiser empfing hier auf seinem Marmorthron Gäste und Bittsteller.

Das schönste Gebäude ist zweifellos **Diwan-i-Khaz,** die private Audienzhalle. Hier stand einst der berühmte Pfauenthron, der 1734 von Nadir Shah geraubt und als Kriegsbeute nach Persien gebracht wurde. Die silberne Decke der marmornen Säulenhalle wurde durch eine Kassettendecke aus Holz ersetzt, mit Blattgold belegt und mit Mineralfarben verziert. Die Säulen sind über und über mit Reliefs und Steinintarsien bedeckt. Über den äußeren Bögen kann man die berühmte Inschrift in Persisch (Hofsprache der Moguln) lesen: »Gar Firdaus bar rue zamin ast, Hamin ast, Hamin ast, wa Hamin ast.« (»Wenn es ein Paradies im Antlitz dieser Erde gibt, so ist es hier, hier, hier.«) Die kaiserlichen Bäder (Hamam) und die Perlmoschee (Moti Masjid) des Mogulkaisers Aurangzeb sind z. Zt. geschlossen.

Seite 39

Tipp Eine **Sound & Light Show** bringt die Geschichte spektakulär nahe (im Sommer 20.30–21.30 Uhr, im Winter schon 19.30 Uhr).

**Jama Masjid (Freitagsmoschee) B

Im Auftrag von Shahjahan wurde diese größte und vielleicht auch schönste Moschee Indiens gebaut. Die Hofmoschee aus rotem Sandstein mit drei eleganten Zwiebeltürmen aus weißem Marmor und der von zwei

- A Rotes Fort
- B Jama Masjid
- C Gurudwara Sis Ganj
- D Grab von Humayun
- E Grab von Safdar Jang
- F Lodi-Grabstätten
- G Lal Kot
- H Rashtrapati Bhavan
- I India Gate
- J Nationalmuseum
- K Raj Ghat

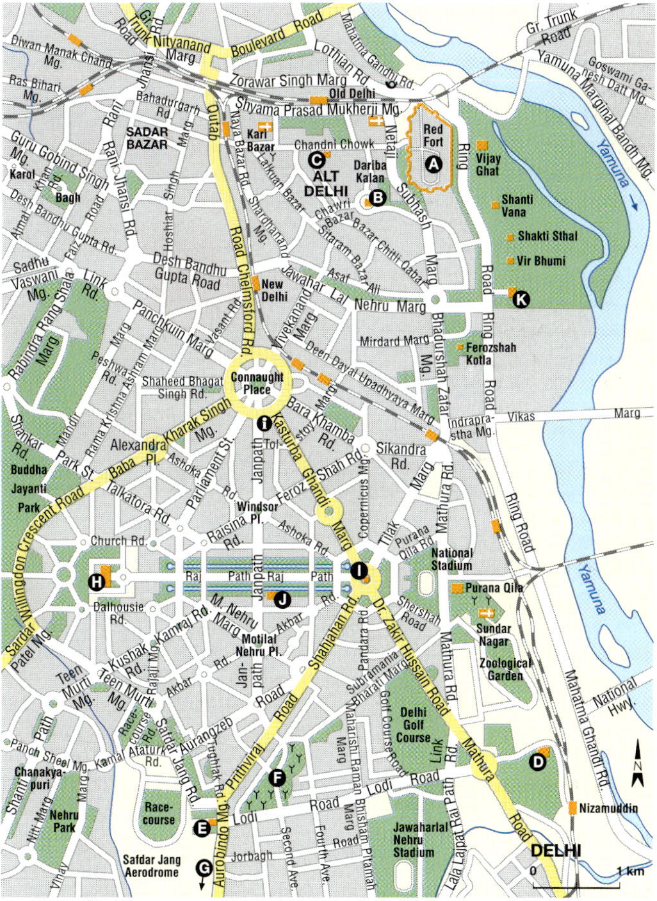

Seite 39

40 m hohen Minaretten bekrönten Gebetshalle (Abb. S. 28) ist ein Meisterwerk der Mogularchitektur. In der Mitte des riesigen Hofes, der 25 000 Gläubigen Platz bietet, liegt der Waschungsteich. In der Nordostecke beherbergt ein kleiner Schrein angebliche Reliquien Mohammeds. Besucher sind nur außerhalb der Gebetsstunden willkommen, sollten aber weder kurze Röcke noch Shorts tragen.

Tipp Von hier bietet sich ein schöner Blick auf das Rote Fort.

Von der Freitagsmoschee führen enge Gassen mit winzigen Geschäften Richtung Chandni Chowk. In den kleinen Läden des **Dariba Kalan** wird filigraner Silber-, Glas- und Lackschmuck angefertigt. Glitzernde Girlanden, Göttermasken, goldbestickte Saris und Turbane werden im **Kinari Bazar** (westlich von Dariba Kalan) feilgeboten. Betörende Düfte umhüllen die Parfüm-Verkäufer. Reich ist das Angebot an Gewürzen auf dem **Kari Basar** nördlich der Moschee.

Chandni Chowk

Die verkehrsreiche Hauptstraße von Alt-Delhi, Chandni Chowk, liegt nördlich der Moschee. Zur Zeit der Mogulkaiser hatten hier die höfischen Silberschmiede und Juweliere ihre Geschäfte. Eine goldene Zwiebelkuppel kennzeichnet den Sikhtempel **Gurudwara Sis Ganj** Ⓒ; hier wurde der neunte Guru Tegh Bahadur von Aurangzeb enthauptet.

***Grab von Humayun Ⓓ

Das Mausoleum des zweiten Mogulkaisers, UNESCO-Weltkulturerbe, liegt in einer ausgedehnten Gartenanlage. Seine Witwe ließ diesen ersten großen Mogulbau (1556 bis 1565), der als Vorbild für das Taj Mahal in Agra

Sarkophage in Humayuns Grab

gilt, von persischen Baumeistern errichten. Eine weiße Zwiebelkuppel krönt das riesige Gebäude aus rotem Sandstein, bei dem v. a. die ausgewogenen Proportionen imponieren. Die Fassaden sind kunstvoll mit weißen Marmorintarsien und Blendnischen verziert, vier hohe Bogenportale führen in den schlichten, achteckigen Innenraum mit dem Kenotaph. Immer neue Stimmungen zaubert das Spiel des Lichts, das durch die großen Gitterfenster aus Stein einfällt. Die eigentliche Grabkammer liegt darunter und ist nicht begehbar.

Das Mausoleum stand Pate für das **Grab von Safdar Jang Ⓔ**, des Großwesirs und Generals des Mogulkaisers Mohammed Shah. 200 Jahre später errichtet, gilt es als letzter Großbau der Mogulära, erreichte aber die Perfektion des Vorbildes nicht.

*Lodi-Grabstätten Ⓕ

Bei Joggern und Spaziergängern ist der Lodi-Park sehr beliebt. Kunstinteressierte zieht es v. a. wegen der Grabstätten der Sayyiden und Lodi, muslimischer Herrscher des 15./16. Jhs., dorthin. Die Kuppelgräber wirken archaischer und massiver als die Prachtbauten der Mogulkaiser. In einem achteckigen Mausoleum ruht Mohammed Shah Sayyid (15. Jh.), der letzte Sayyide. *Bara Gumbaz*, »Großes

Qutb Minar und Alai Darwaza

Grab«, wird die letzte Ruhestätte des letzten Lodi-Herrschers Ibrahim genannt; er fiel in der Schlacht von Panipat 1526 im Kampf gegen Babur. Ihm zu Ehren wurde die angrenzende Grabmoschee erbaut, die arabische Inschriften zieren. Sehenswert ist auch das Grab von Sikander Lodi (frühes 16. Jh.), ein schlichter Kuppelbau mit achteckigem Grundriss.

Lal Kot G

In der ersten muslimische Stadtgründung im Raum von Delhi sind mehrere Bauwerke besuchenswert.

Als Wahrzeichen Delhis gilt das ***Qutb Minar.** Von aus weiter Ferne ist das 73 m hoch in den Himmel ragende Minarett – mit den umliegenden Moscheen und Gräbern UNESCO-Weltkulturerbe – nicht zu übersehen. Qutb-ul-Din Aibak, der erste Sultan von Delhi, ließ das architektonische Meisterwerk im 13. Jh. als unübersehbares Zeichen des islamischen Sieges errichten. Fein gemeißelte Koransuren im roten Sandstein unterstreichen sehr deutlich die Bedeutung des Qutb Minar als »Siegesturm«.

Direkt daneben kündet die »Moschee der Macht des Islam«, **Qutb-ul-Islam,** von der Unterwerfung der Hindu-Fürsten durch die islamischen Eroberer. 1193 ließ sie Qutb-ud-Din Aibak aus den Trümmern von Hindu- und Jain-Tempeln errichten, nachdem er den Rajputen Prithviraj Chauhan entmachtet hatte. Das interessante Bauwerk integriert Elemente aus den zerstörten Tempeln: Die plastischen Steinfiguren (selbst Liebespaare sind erkennbar) an den ehemaligen Tempelsäulen des Umgangs stehen im Kontrast zur ornamental-floralen Dekoration des Islam.

Alai Darwaza, das »Große Siegestor« in Nähe des Minaretts, wurde von Alaud-ud-Din Khilji im 14. Jh. hinzugefügt.

Neu-Delhi

Der Stadtteil wurde von den britischen Architekten Lutyens und Baker 1931 symmetrisch als Gartenstadt angelegt. Der **Rashtrapati Bhavan H**, die kuppelgekrönte, beeindruckende Residenz des englischen Vizekönigs mit über 300 Räumen ist heute offizielle Residenz des Staatspräsidenten. Von hier zieht sich der Boulevard **Raj Path** schnurgerade bis zum India Gate. Beiderseits stehen die im Kolonialstil erbauten Regierungsgebäude, der Amtssitz des Premierministers und das große Rundgebäude des Parlaments. Der Triumphbogen des **India Gate I** ist den Gefallenen des Ersten Weltkriegs gewidmet.

Das ***Nationalmuseum J** präsentiert einen sehr guten Überblick über die Kultur- und Kunstgeschichte des Subkontinents: hinduistische Skulpturen, buddhistische Exponate von der frühen Gandhara-Kunst bis zum tibetischen Buddhismus sowie kostbare Miniaturen. (Öffnungszeiten: tgl. 10–17 Uhr, Mo geschl.)

Seite 39

Seite 39

Mahatma Gandhis viel besuchte Gedenkstätte Raj Ghat

Zeitgeschichtlich Interessierte sollten sich die ungeheuer spannende Lektüre von **Gandhi – Um Mitternacht die Freiheit** auf keinen Fall entgehen lassen (Bertelsmann, auf Deutsch leider nur noch antiquarisch erhältlich).

Am **Connaught Place** im Herzen von Neu-Delhi und am **Janpath,** einer der Radialstraßen zum Connaught Place, finden Sie Boutiquen, Buchhandlungen, Souvenirläden sowie das größte Einkaufszentrum der Stadt »Cottage Industries Emporium« (s. S. 44).

Nahe dem Ufer des Yamuna liegen die Verbrennungs- und Gedenkstätten großer Politiker. Das **Raj Ghat** Ⓚ ist Mahatma Gandhi (gest. 1948) gewidmet. Nördlich erinnern Vir Bhumi an Rajiv Gandhi (gest. 1991), Shakti Sthal an Indira Gandhi (gest. 1984) und Shanti Vana an Jawaharlal Nehru (gest. 1964). Täglich werden die Gedächtnisstätten von Hunderten aufgesucht. Sie sind zu wahren Pilgerstätten geworden.

Infos
Vorwahl: 011

Indiatourism, 88 Janpath, Tel. 23315322. Informationsschalter direkt am Flughafen.

Internationale Flughafen Indira Gandhi, 20 km (45 Min..) von der City. Taxi in die Innenstadt ca. 500 Rs, Shuttlebus zwischen internationalem und nationalem Flughafen (20 Min.). **Flughafenauskunft:** International Airport (Terminal 2): Tel. 25652011; National Airport (Terminal 1): Auskunft Tel. 248535, Indian Airlines Tel. 5462066, Jet Airwyas Tel. 51641414, Sahara Airlines Tel. 2335981, LH Tel. 53323310.

Tipp Seien Sie unbedingt rechtzeitig am Flughafen, da Flüge häufig überbucht sind (bei internationalem Abflug 3 Std., bei nationalem 75 Min.).

Der **Hauptbahnhof** (**New Delhi Station**) liegt zentral nördlich des Connaught Place. Expresszüge nach Mumbai (Bombay), Kolkata (Kal-

Seite 39

kutta), Varanasi, Chennai (Madras), Bangaluru (Bangalore) und Trivandrum sowie Shatabdi Express, Palace on Wheels und Royal Orient (s. S. 35). Der Taj Express fährt täglich vom **Bahnhof Nizamuddin** (im Südosten der Stadt) nach Agra. Vom **Sarai-Rohilla-Bahnhof** (4 km nordwestlich vom Connaught Place) vor allem Züge nach Rajasthan.
Überregionale Busse fahren vom **Interstate Terminus** am Kashmir Gate ab (Tel. 2518836).
Taxis sind innerhalb der Stadt preiswert. Achten Sie darauf, dass der Fahrer den Taxameter eingestellt und Sie auch wirklich verstanden hat. Oft sind Taxameter nicht auf dem aktuellen Preisstand, lassen Sie sich im Zweifelsfall die Liste mit der Preiserhöhung zeigen. Nachts begleitet den Fahrer häufig ein Beifahrer. Von 23 bis 5 Uhr wird ein 50 %-iger Aufschlag erhoben. Bei Halbtagestouren Preis vorher aushandeln. Motorisierte Dreiradrikschas sind nicht ungefährlich und nicht zu empfehlen.

Taj Mahal, 1 Man Singh Rd., Tel. 23026162, Fax 23026070, www.tajhotels.com. Spitzenhotel im Zentrum von Neu-Delhi. ○○○
▮ **Grand Hyatt,** Nelson Mandela Rd., Tel. 26121234, Fax 26895891, www.hyatt.com. Luxushotel in einem großen Garten, beeindruckende Lobby, Spa. ○○○
▮ **Hyatt Regency,** Bhikaji Cama Place, Tel. 26791234, Fax 26791122, www.hyatt.com. Sehr gut geführtes Haus, hervorragende Küche. ○○○
▮ **The Oberoi,** Dr. Zakir Hussain Marg, Tel. 24363030, Fax 24360484, www.oberoihotels.com. Kühler Luxus, wenig indische Atmosphäre. Golfplatz. ○○○
▮ **Intercontinental,** Barakhamba Ave., Tel. 23411001, Fax 23412233. Zentral nahe dem Connaught Place und der Eisenbahnlinie gelegen (laut!) ○○○
▮ **Le Meridien,** 8 Windsor Place, Tel. 23710101, Fax 23714545, www.lemeridien-newdelhi.com. Moderner Wolkenkratzer nahe Connaught Place und Janpath. ○○○
▮ **Taj Palace Hotel,** Sardar Patel Marg, Diplomatic Enclave, Tel. 26110202, Fax 26110808, www.tajhotels.com. Geschmackvolles Hotel mit schönem Garten; viele Gruppenreisende. ○○○
▮ **Maurya Sheraton & Towers,** Sardar Patel Marg, Diplomatic Enclave, Tel. 26112233, Fax 26113333. Pool, stadtbekannte Diskothek. ○○○
▮ **Imperial Hotel,** Janpath, Tel. 23341234, Fax 23342255, www.theimperialindia.com. Gepflegtes Kolonialhotel, schöner Garten. ○○○
▮ **The Claridges,** 12, Aurangzeb Rd., Tel. 23010211, Fax 23010625. Hübsches kolonialzeitliches Hotel. ○○○
▮ **Park Hotel,** 15 Parliament St., Tel. 23732477, Fax 23732025, www.theparkhotels.com. Zentrale Lage Nähe Connaught Place. ○○○

Orient Express, Taj Palace, Tel. 23010404. Im nachgebildeten Speisewagen wird Nouvelle Cuisine serviert. ○○○
▮ **Bukhara,** Maurya Sheraton, Tel. 23010101. Essen vom Feinsten, Tandoori-Gerichte und Spezialitäten aus Peshawar. ○○○
▮ **Chor Bizarre,** im Broadway-Hotel, 4/15 A Asaf Ali Rd., Tel. 3273821. Authentische Kaschmiri- und Tandoori-Küche. Fassbier. ○○
▮ **La Piazza,** Hyatt-Regency, Tel. 26791234. Gute italienische Küche. ○○
▮ **Kovil,** Connaught Place (E-Block). Vegetarier. ○
▮ **Nirula's,** Connaught Place (L-Block). Indische und europäische Snacks, chinesische Küche; Bar. ○

Seite 48

Beliebte Discos sind: **Ghungroo** (im Maurya Sheraton, Diplomatic Enclave, Tel. 2612233) und **Fireball** (32 Milestone Gurgaon, Tel. 91322528, 8 km vom Flughafen außerhalb von Delhi in Gurgaon).

Central Cottage Industries Emporium, Janpath, Tel. 23312373. Große Auswahl an Seidenstoffen, Saris, Möbeln, Kunstgegenständen; feste Preise.

- **Cottage Arts and Jewel,** 50 Haus Khas Village, Tel. 26519150. Schmuck, Malereien und Kunst der Bergvölker.
- **People Tree,** 8, Regal Building, Parliament Street, Tel. 23734877. Umweltfreundliche Produkte vom T-Shirt bis zum Briefpapier.
- Am **Janpath** nahe Connaught Place gibt es zahlreiche kleine, sehr preiswerte Geschäfte (handeln!).

Agra ❷

An den Glanz einer versunkenen Ära erinnern die Meisterwerke mogulkaiserlicher Architektur in und um Agra (1,2 Mio. Einw.). Wo einst die größten Kaiser Indiens regierten, herrscht heute touristische Betriebsamkeit. Hotels und Shops wachsen wie Pilze aus dem Boden.

Der erste Mogulkaiser Babur ließ sich 1526 in einer Zeltstadt am Ufer des Yamuna nieder. Erst sein Enkel Akbar begann 1566 mit einer regen Bautätigkeit. Agra wird Hauptstadt des Reiches, das fast den gesamten Subkontinent umfasst. Die Blütezeit der Stadt bescherte ihr unter Shahjahan (17. Jh) eines der schönsten Gebäude der Welt: das Taj Mahal. Nach dem Tod seines Sohnes Aurangzeb wurde die Stadt mehrfach geplündert. 1803 nahmen die Engländer Agra in Besitz.

Weltberühmt: das Taj Mahal

***Taj Mahal

»Juwel des Palastes« nannte Shahjahan seine Lieblingsfrau Mumtaz Mahal. Als sie 1629 bei der Geburt ihres vierzehnten Kindes starb, ließ er ihr ein Grabmal errichten, das alles bisher da Gewesene an Schönheit und Vollkommenheit übertreffen sollte. Rund 20 000 Arbeiter, Architekten aus Shiraz und Künstler aus Europa arbeiteten 22 Jahre an der »Krone des Palastes«, UNESCO-Weltkulturerbe.

Das Grabmal steht inmitten eines symmetrisch angelegten Gartens, Wasserkanäle und Fontänen sind axial angeordnet. Hinter dem Haupttor öffnet sich der unvergessliche Blick auf das atemberaubend schöne Mausoleum: Aus blendend weißem Marmor erhebt es sich auf einer Steinplattform, bekrönt von einer 74 m hohen Zwiebelkuppel. Vier nach außen geneigte minarettähnliche Türme setzen den Rahmen, Blendnischen und Zierpavillons vermitteln den Eindruck schwebender Leichtigkeit. Ein umlaufendes Zierband mit eingearbeiteten Halbedelsteinen ist im unteren Bereich der Zwiebelkuppel zu erkennen. Schriftbänder mit Suren aus dem Koran säumen die Portale, Blumen- und Rankenreliefs aus Marmor schmücken den unteren Teil der Fassade.

Seite 48

Das Rote Fort von Agra

Im Mittelpunkt der Anlage stehen die Kenotaphe von Mumtaz Mahal und Shahjahan: Verschwenderisch mit Halbedelsteinintarsien geschmückt – eine Blüte besteht mitunter aus bis zu 32 Einzelstücken –, umgeben von einem prächtigen Marmorgitter. Unmittelbar darunter ruhen die sterblichen Überreste des Paares in der Grabkammer. Der Bau des Taj Mahals hat den Staatshaushalt ruiniert. Shahjahan wurde von seinem Sohn Aurangzeb zur Abdankung gezwungen, da er von der Idee beseelt war, ein gleiches Grabmal für sich selbst aus schwarzem Marmor auf der anderen Seite des Flusses zu bauen. Während Shahjahans siebenjährigen Hausarrests in der Festungsanlage wurde der Jasminturm zu seinem Lieblingsplatz, konnte er doch von dort das Taj Mahal am besten beobachten.

Öffnungszeiten: tgl. außer Mo und Fr von Sonnenauf- bis -untergang. Die Mitnahme von großen Taschen, Feuerzeugen, Getränken und Bonbons ist nicht gestattet.

***Rotes Fort

Kaiser Akbar gab im 16. Jh. den Auftrag zum Bau der Residenz, seine Nachfolger Jehangir und Shahjahan bauten sie zu einer der größten Festungen der Welt aus. Ein doppelter, 2,5 km langer Schutzwall umgibt die Anlage aus mächtigen roten Sandsteinblöcken, in der einst 500 Bauten standen, so berichtet der Hofschreiber Abu'l Fazl.

Itimad-ud-Daula

Besucher betreten das Fort – UNESCO-Weltkulturerbe, durch das mächtige Amar-Singh-Tor. Ein Weg führt zur **Diwan-i-Am,** der öffentlichen Audienzhalle, mit dem Kaiserthron, die Shahjahan vollendete. Beachtenswert sind die Einlegearbeiten aus Marmor und Halbedelsteinen. Seine private Audienzhalle, **Diwan-i-Khas,** ließ er aus weißem Marmor errichten.

Im achteckigen **Jasminturm** (Saman Burj), mit Blick auf das Taj Mahal, war Shahjahan schließlich gefangen. Ältester erhaltener Trakt ist **Jahangir Mahal** aus der Zeit Akbars mit fein gemeißelten Reliefs aus rotem Sandstein, mit erkennbar hinduistischen Stilelementen. Das Fort ist heute großteils von Militär besetzt, die Perlmoschee (Moti Masjid) nicht zugänglich.

**Itimad-ud-Daula

Im 17. Jh. ließ Jehangirs Gattin Nurjahan das prächtige Grabmal für ihren Vater Mirza Ghias Beg errichten, der als Schatzmeister und Großwesir des Kaisers den Titel Itimad-ud-Daula trug.

Geradezu verschwenderisch sind die Einlegearbeiten von weißem Marmor in rotem Sandstein am Eingangsportal, besonders schön die mehrfarbigen Steinintarsien am Mausoleum. Vielfalt und Feinheit des Dekors wurde nur noch am Taj Mahal übertroffen.

Seite 48

Steinintarsien im Itimad-ud-Daula

Die durchbrochenen Marmorfenster sind wahre Meisterwerke der Steinmetzkunst.

Infos

Vorwahl: 0562

Indiatourism, 191, The Mall, Tel. 0562/363959. Info-Schalter am Flughafen.

Kheria Airport, 8 km außerhalb der Stadt. Taxis mit Festpreisen (Tarif am Infoschalter erfragen). Täglich Flüge nach Delhi, Khajuraho, Varanasi.
Bahnverbindungen: Tgl. mehrere Verbindungen mit Delhi (»Shatabdi Express«, 2 Std.; »Taj Express«, 2 1/2 Std.). Zugverbindungen u. a. auch mit Jaipur, Bhopal, Gwalior.
Taxis: Preiswerte Taxis sind überall zu bekommen. Billiger sind Rikschas und Pferdedroschken (Tongas).

Mughal Sheraton, Taj Ganj, Tel. 331701, Fax 331730. Luxushotel, Pool, Yogazentrum. ❍❍❍
▮ **Amar Vilas,** Taj East Gate Rd., Tel. 231515, Fax 231516, www.oberoi hotels.com. Luxuriöses Spa-Hotel mit Blick auf das Taj Mahal. ❍❍❍
▮ **Taj View,** Taj Ganj, Tel. 2232418, Fax 2232420. www.tajhotels.com. Trotz der fünf Sterne eher muffig. ❍❍❍
▮ **Trident Hilton,** Fatehbad Rd., Tel. 2331818, Fax 2331812, www.tridenthotels.com. Sehr gutes Hotel mit Garten und Pool, nahe dem Taj Mahal. ❍❍

Nauratna, Mughal Sheraton, Tel. 331701. Nordindische Spezialitäten (Muglai). Tgl. außer Mittwoch Livemusik. ❍❍❍
▮ **Dasaprakash,** 1 Gwalior Rd., Tel. 363368. Für Liebhaber der südindisch-vegetarischen Küche. ❍
▮ **Shiva Kash Restaurant,** nahe Taj View Hotel. Indische, chinesische und europäische Küche. ❍

Beliebt sind Andenken aus Marmor mit Einlegearbeiten aus Halbedelsteinen (große Auswahl bei **Oswal Emporium,** 30 Munro Rd.).

Ausflüge von Agra

*****Fatehpur Sikri**

Nur 40 km westlich von Agra liegt die einzige nie eroberte Mogulstadt, die heute auf der Liste des UNESCO-Weltkulturerbes steht. Besonders schön und ungewöhnlich ist die private Audienzhalle **Diwan-i-Khas:** Von einer Säule in der Mitte, die sich oben einer Baumkrone gleich entfaltet, führen in luftiger Höhe vier Stege zu einer umlaufenden Galerie. Der fünfstöckige **Panch Mahal,** den Frauen des Kaisers vorbehalten, überragt den großen **Pachisi-Hof,** in dem der Kaiser mit Haremsdamen *Pachisi* (ein Brettspiel) spielte. Sehenswert ist **Rumi Sultana,** der kleine Palast einer türkischen Prinzessin mit Schnitzarbeiten, sowie der **Miriam-Palast,** dessen Wandma-

Seite 48

In der Großen Moschee, Fatehpur Sikri

lereien – obwohl nur spärlich erhalten – beeindrucken.

Westlich des Palastareals schließt die **Große Moschee** mit dem 53 m hohen Siegestor an. Hier liegt das **Grab des Heiligen Salim Chishti** aus weißem Marmor, ein Meisterwerk der Mogularchitektur. Die Marmorgitterfenster sind noch feiner als die Steinmetzarbeiten im Taj Mahal. Am Mausoleum bitten Hindu- und Muslimfrauen um Kindersegen.

***Keoladeo-Ghana-Nationalpark

Nur 20 km westlich von Fatehpur Sikri liegt das Vogelschutzgebiet von Bharatpur im Nationalpark Keoladeo Ghana, UNESCO-Weltnaturerbe. Eine reiche und intakte Flora ist Lebensraum von über 300 Vogelarten. Auch der selten gewordene Sibirische Kranich hat hier ein Winterquartier gefunden. Marschland und Stausee bieten über hundert Zugvogelarten aus Zentralasien ideale Brutstätten – allein die Anzahl brütender Störche wird auf 2000 geschätzt. In den Wäldern des Nationalparks leben Sambharhirsche und Nilgaiantilopen.

Tipp Zwischen Oktober und Januar, solange der Wasserstand genügend hoch ist, können die Tiere besonders gut in der Morgen- und Abenddämmerung vom Boot aus beobachtet werden. Von daher empfiehlt sich eine Übernachtung.

Sufismus

Von Nordafrika bis Nordindien sind sie anzutreffen, die Sufis, Anhänger einer esoterischen Form des Islam, die anfänglich im Vorderen Orient und Persien beheimatet war. Weltentsagung und Hingabe an Gott führen laut ihrer Philosophie zur direkten Gotteserfahrung.

Der Glaube an das Mysterium von Wundern, die tolerante Wertschätzung mystischer Erfahrungen anderer Religionen fallen in Indien von alters her auf fruchtbaren Boden. Deshalb werden Sufiheilige *(pir* oder *sheikh)* und Wanderasketen *(fakir)* auch von Andersgläubigen verehrt. Den spirituellen Pfad zur Vereinigung mit Gott *(tarika)* vermitteln die Sheiks (»Meister«). Bekanntester Vertreter war Sheikh Salim, ein Sufi der indischen Chishti-Bruderschaft (bekannt auch als Salim Chishti), der im 16. Jh. dem kinderlosen Mogulkaiser Akbar zu seinem Sohn Salim verhalf, der 1605 als Kaiser Jehangir inthronisiert wurde. Noch heute bitten Frauen – Hindus wie Muslime – am Grab des Heiligen in Fatehpur Sikri um Kindersegen.

Seite 48

Bharatpur Forest Lodge, Tel. 05644/222760. Im Nationalpark. ○○

Jaipur ❸

Gewaltige Befestigungsanlagen mit Wehrmauern und Wachtürmen ziehen sich über karge Bergrücken, schützen die darunter liegende Stadt. Die ziegelrote Bemalung von Fassaden und Stadtmauern geben der Altstadt einen unverwechselbaren Charakter. Hier vibriert das Leben. Schwer beladene Kamelkarren werden von laut hupenden Autos überholt, auf Verkehrsinseln liegen wiederkäuende heilige Kühe. In Nähe viel besuchter Sehenswürdigkeiten kreisen fliegende Händler und Bettler die Touristen ein. Gebisse in allen Größen werden auf dem Hauptplatz feilgeboten, duftende Blumengirlanden vor den Tempeln. Männer mit grellfarbenen Turbanen hocken am Straßenrand, Frauen in bunten Saris bereichern das farbenfrohe Bild der »Pink City«, wie die

Seite 48

Stadt der Maharajas und Hauptstadt von Rajasthan mit rund 2 Mio. Einwohnern heute in der Umgangssprache heißt.

1727 fasste Maharaja Sawai Jai Singh II. den Entschluss, seine Residenz im nahen Amber aufzugeben und eine neue Stadt zu gründen. Mit dem Bau setzte sich der Herrscher, einer der bedeutendsten Astronomen jener Zeit, ein ewiges Denkmal. Es ist die letzte Stadt Indiens, die auf dem Reißbrett entstand und nach althinduistischer Bautradition, wie sie in in den Lehrbüchern Shilpa Shastra niedergeschrieben ist, errichtet wurde. Nach Ausrufung der Republik und Entmachtung des Königsgeschlechts wurde Jaipur 1956 die Hauptstadt des Staates Rajasthan.

*Stadtpalast

Ein Siebtel der Fläche der Altstadt gehörte einst dem Maharaja. Der Großteil des Palastbezirkes ist heute öffentlich zugänglich, der Stadtpalast z. T. Museum. Im ersten Innenhof birgt **Mubarak Mahal,** der »Willkommens-

Seite 48

Malerei im Stadtpalast von Jaipur

palast« aus Marmor und Sandstein, eine wertvolle Sammlung von Textilien und Musikinstrumenten. Hinter einem Doppeltor liegt die **private Audienzhalle** im indo-islamischen Stil mit zwei riesigen silbernen Wasserbehältern. In der ehemals **öffentlichen Audienzhalle** ist heute eine kostbare Miniaturensammlung untergebracht. Der siebenstöckige, zartgelbe **Chandra Mahal** (Residenz der Maharajafamilie) überragt alle Bauten. Da hier die Familie des Maharajas lebt, ist nur der vorderste Trakt mit dem Pfauenhof (vier mit Pfauenmotiven bemalte Tornischen) zugänglich. (Öffnungszeiten: tgl. 9.30–16.45 Uhr.)

Gayatri Devi, die Stiefmutter des heutigen Maharaja und dritte Frau des letzten regierenden Maharajas von Jaipur, erzählt in ihrem Buch **A Princess Remembers** über ihr Leben am Hof. Das Buch ist in englischer und deutscher Sprache in allen Buchläden Jaipurs erhältlich.

**Jantar Mantar

Der leidenschaftliche Mathematiker, Astronom und Astrologe Sawai Jai Singh II. studierte und korrigierte die Aufzeichnungen des im 15. Jh. in Samarkand lebenden berühmten Astronomen Ulugh Beg, beschäftigte sich mit den Werken von Kopernikus und Kepler und verfasste schließlich sein eigenes wissenschaftliches Werk »Zij Jadid Muhammad Shahi«. Auf diesem Kompendium astronomischer Tafeln basiert die Berechnung der 18 Instrumente seines größten Observatoriums (weitere in Ujjain, Varanasi, Delhi, Mathura). Die größte Sonnenuhr, Samrath Yantra, ist fast 30 m hoch und zeigt die Ortszeit auf zwei Sekunden genau an. Das halbkugelförmig in die Erde eingelassene Messinstrument

Hawa Mahal, der »Palast der Winde«

Palast der Winde

***Hawa Mahal,** die Ende des 18. Jhs. erbaute fantasievolle fünfstöckige Fassadenkonstruktion, ist das Wahrzeichen Jaipurs. Hinter den luftigen Erkern und Gitterfenstern liegen nur Emporen und Treppen. Lediglich die unteren Stockwerke haben die Tiefe eines Raumes. Von hier aus konnten die Hofdamen, die früher im »Purdah« (wörtlich: hinter dem Schleier) lebten, das Treiben außerhalb des Palastes ungesehen beobachten. (Öffnungszeiten: tgl. 9–16.30 Uhr.)

Jantar Mantar

Auf dem Weg hinauf zum Fort von Amber

Seite 48

der Gestirne, Jai Prakash Yantra, das für astrologische Beobachtungen genutzt wurde, entwarf der Maharaja selbst. (Tgl. 9–16.30 Uhr.)

*Amber

Die alte Hauptstadt der Kachawa-Rajputen liegt 10 km außerhalb. Hier ließen sich die Herrscher im 11. Jh. nieder. Die malerisch gelegene Burg, zu der Sie auf Elefanten hinaufreiten können, stammt aus dem 16./17. Jh. Hauptheiligtum ist der **Kali-Tempel,** der nur ohne Strümpfe, Socken, Leder und Kameras betreten werden darf. Hinter dem Ganesh Pol, dem pastellfarben bemalten Tor mit dem elefantenköpfigen Glück bringenden Gott, liegen die Privatgemächer. Besonders sehenswert ist der **Spiegelpalast** (Sheesh Mahal); in die Stuckmauern sind innen wie außen zahlreiche Spiegel eingelegt.

Von der Dachterrasse hat man einen herrlichen Blick auf die alte Stadt und das **Jaigarh Fort,** das Jai Singh II. im 18. Jh. hoch über Amber bauen ließ. Das Fort beherbergte einst die Schatzkammer der Kachawa-Rajputen; eine große gußeiserene Kanone erinnert noch heute an den Zweck der gewaltigen Wehrburg.

Indiatourism, Hotel Khasa Koti, Tel. 0141/2372200.

Flughafen 10 km außerhalb. Verbindung mit Delhi, Jodhpur, Udaipur und Bombay.
Bahnverbindungen: Tgl. Shatabdi Express Delhi–Jaipur (4 1/4 Std.) und Jaipur–Agra Express (5 Std.).
Busverbindungen: Jaipur–Delhi 6 Std., Jaipur–Agra 5–6 Std.

Rambagh Palace, Bhawani Singh Rd., Tel. 0141/2381919, Fax 2381098. Populärstes Palasthotel mit unterschiedlichen Zimmern. ○○○
▮ **Jai Mahal Palace,** Jacob Rd., Tel. 0141/2223636, Fax 2220707, www.tajhotels.com. Palasthotel, schöner Park, unterschiedliche Zimmer. ○○○
▮ **Rajputana Sheraton,** Palace Rd., Tel. 0141/2360011, Fax 2367848, www.india-deluxehotels.com/hotjairsher.htm. Luxushotel. ○○○
▮ **Samode Haveli,** Gangapole, Tel. 0141/2632370, Fax 2631397, http://samode.com. Intimes Heritage Hotel in der Altstadt. ○○
▮ **Trident,** Amber Fort Rd., zwischen Jaipur und Amber, Tel. 0141/2630101, Fax 2630303, www.tridenthotels.com. Modernes Hotel mit gutem Preis-Leistungs-Verhältnis. ○○
▮ **Bissau Palace,** Chandpole, Tel. 0141/2304371, Fax 2304628, http://bissaupalace.com. Familiäres Heritage Hotel in zentraler Lage. ○

Seite 48

Die besten Restaurants – auch aus hygienischen Gründen empfehlenswert – haben die Hotels. Besonders reichhaltig sind die Büffets im Trident Hotel (○○).

Miniaturmalereien, bedruckte Stoffe, blau-türkise Keramik, Schmuck und Halbedelsteine sind für Jaipur besonders typisch und werden in zahllosen Geschäften angeboten. Antiquitäten sind meist gute Nachbildungen. Der Preis ist in der Regel Verhandlungssache.

- **Silver & Art Palace,** Old Amer Rd. Das bekannteste Schmuckgeschäft Jaipurs.
- **Maharaja,** Amber Rd. Große Auswahl an Textilien und Miniaturmalereien.

Udaipur ❹

»Venedig des Ostens«, »Königin der Seen« – verlockend klingen die Superlative, die für Udaipur (500 000 Einw.) nicht zu Unrecht verwendet werden. Reizvoll ist die für den Wüstenstaat ungewöhnliche Seenlandschaft, das bizarre Aravalli-Gebirge, die idyllische Altstadt mit dem malerischen Palast: Nicht von ungefähr diente Udaipur schon oft als Filmkulisse, weltweit bekannt wurde es durch den James-Bond-Film »Octopussy«.

1567, nach der Eroberung von Chittorgarh durch den Mogulkaiser Akbar, gründet Maharana Udai Singh II. Udaipur. Am Fuße seines Palastes ließ er Wasserläufe zu Seen aufstauen, eine Wehrmauer zum Schutz der Stadt errichten. Ruhmvoll ist die Hauptstadt des Königreiches Mewar, Sitz des stolzen Rajputengeschlechts der Sisodia. Niemals haben sich die Sisodias anderen Herrschern untergeordnet. Erst die Republik hat die Souveränität der ältesten Dynastie in Rajasthan gebrochen.

Für die Besichtigung von Stadt und unmittelbarer Umgebung sollten Sie mindestens zwei Tage einplanen.

*Palast des Maharana

Der anfänglich fensterlose, vom Stadtgründer Maharana Udai Singh II. in Auftrag gegebener Wehrbau wurde vom 16. Jh. bis zur Jahrhundertwende zu einem majestätischen Wohnpalast erweitert. Verspielte Bauelemente im persisch inspirierten Mogulstil, Kuppelhallen und Türmchen, Wandmalereien und Mosaiken bieten ein Bild anmutiger Schönheit. Der riesige Komplex aus Granit und Marmor, dessen Silhouette sich im Pichola-See

Die Könige Rajasthans

Bis 1947 herrschten sie, die Souveräne über ein Drittel der Bodenfläche und ein Viertel der Bevölkerung. 565 Maharajas, Rajas und Nawabs lieferten reichlich Stoff für jenes legendäre Indien mit dem Traumbild von Marmorpalästen, Tigern, Elefanten und Juwelen, von dem man heute noch zehrt. Dank der Einkünfte aus Zöllen und Steuern konnten die Rajputen ihren persönlichen Vorlieben frönen, ein extravagantes Leben führen. Jene, die der unsystematischen Eroberung des Subkontinents durch die Briten nicht im Weg standen, die neuen Herren mit offenen Armen aufnahmen oder sich im Schlachtfeld als würdige Gegner erwiesen, durften den Thron behalten – vorausgesetzt, sie erkannten Großbritannien als oberste Macht an. Um eine klare Rangordnung der Titel zu sichern, ließ sich Königin Viktoria

Seite 48

spiegelt, ist der größte Palastbau Rajasthans.

Nahe dem Tripolia Gate sind Steinbögen als Halterung der Waagen zu sehen, auf denen sich die Maharanas an Festtagen mit Gold- und Silbermünzen aufwiegen ließen. Das Hauptheiligtum im Untergeschoss, der Tempel der Muttergöttin Dhuni Mata, soll noch aus der Gründerzeit stammen. Beachtenswert sind die blauweißen Kacheln aus China und Delft in einem Erker des Obergeschosses. Darunter liegt der berühmte Pfauenhof mit Glasmosaiken (leider heute hinter Glas). Im Wohngemach Krishna Vilas sind Wandmalereien aus dem 19. Jh. erhalten. Karg und bescheiden ist der nördlich im alten Wehrbau liegende

Maharana–Palst in Udaipur

Trakt von Udai Singh II. (Öffnungszeiten: Tgl. 9.30–16.30 Uhr.)

Jagdish-Tempel

Der hohe Turm des Jagdish-Tempels in der Nähe des Palastes überragt

1877 nach der Auflösung des Mogulreiches zur Kaiserin von Indien ausrufen. Privilegien wurden oft teuer bezahlt: So kämpften die Lanzenreiter des Maharajas von Jodhpur 1917 im Palästinafeldzug, das Bikaner-Kamelkorps in China, Palästina, Ägypten und unter Mountbatten in Birma an der Seite der Briten.

Zu Beginn des 20. Jhs. reagierten viele Landesfürsten auf die Zeichen der Zeit, bauten öffentliche Schulen, Krankenhäuser oder Bewässerungsanlagen zum Wohl der Untertanen. Einige verharrten jedoch im verschwenderischen Lebenswandel, ließen ihren Verschrobenheiten freien Lauf. Das skandalumwittertste Beispiel lieferte der Nawab von Junagadh (Nawab = muslimischer Königstitel): Die Hochzeit seiner Lieblingshündin Roshana mit dem Labradorrüden Bobby, zu der sämtliche Würdenträger einschließlich des Vizekönigs geladen waren, kostete sage und schreibe 60 000 Pfund!

Für Mahatma Gandhi, Jawaharlal Nehru und die Kongresspartei, die eine unabhängige demokratische Republik anstrebten, hatten die Monarchen als stärkste Stützen der Kolonialherren keinen Platz. Noch versuchten sich die alten Herrscher zu verteidigen, gründeten 1921 die »Kammer der Fürsten«, die aber durch Uneinigkeit handlungsunfähig war. So hatten die Könige 1947 keine Wahl: Wollten sie angestammte Privilegien wie Steuerfreiheit und jährliche Apanagen in die neue Ära der Republik hinüberretten, mussten sie auf Thron und Kronland verzichten. In den 1970er Jahren wurden dann unter Indira Gandhi auch die letzten Privilegien der Maharajas abgeschafft.

Seite 48

die Stadt. Das 1651 von Maharana Jagat Singh erbaute Hauptheiligtum der Stadt ist Vishnu geweiht. Unzählige Gläubige steigen täglich die steilen Treppen hinauf.

Altstadt

Beim Bummel durch die Altstadt fallen die so genannten Hochzeitsmalereien ins Auge, Glück bringende Motive wie Swastikazeichen, Elefanten und Pferde, die Familie und frisch getraute Paare vor Unheil schützen sollen.

Tourist Office, Fateh Memorial Suraj Pole, Udaipur, Tel. 0294/2411535.

Flughafen: 25 km außerhalb. 4-mal wöchentlich Flüge nach Bombay, Delhi (via Jaipur, Jodhpur, Aurangabad).
Busverbindungen: Jaipur, Chittorgarh, Jodhpur, Mt. Abu, Ranakpur.

Lake Palace Hotel, Pichola Lake, Tel. 0294/2527961-73, Fax 2527974. Romantisches Palasthotel im See. ○○○
- **Shiv Niwas Palace,** City Palace, Tel. 0294/2528016-19, Fax 2528006. Heritage Hotel mit Suiten. ○○○–○○

Bootsausflug

Machen Sie am Nachmittag eine Bootsfahrt auf dem **Pichola-See.** Auf zwei kleinen Inseln stehen zwei ehemalige Lustschlösschen: Jag Niwas (heute Hotel) und Jag Mandir, ein kleiner Kuppelpalast (17. Jh.) mit fotogenen Steinskulpturen am Rande der Gartenanlage. Auch der Palast des Maharana präsentiert sich am schönsten vom Wasser aus.

- **Lake Pichola Hotel,** nahe Chandpole, Tel. 0294/2421961, Fax2 430575. Einfaches Haus am See.
- Alle Hotels finden Sie unter www.hotels-rajasthan.com/udaipur

Am besten, wenn auch teurer isst man in den Hotels. Kleine Terrassencafés in der Altstadt bieten auch kleine Gerichte, z. B. das **Mayur Café** am Jagdish-Tempel.

Miniaturen, Stoffe, Marionetten und (so genannte) Antiquitäten gibt es in den Läden um den Jagdish-Tempel, am Chetak Circle und in der Lake Palace Road.

Ausflüge von Udaipur

*Nagda

Nur 20 km nördlich liegen die Ruinen der ersten Hauptstadt von Mewar (8. Jh.). Interessant ist dort der Doppeltempel **Sas Bahu** aus dem 10./11. Jh., der Weltenmutter Jagadamba und Vishnu geweiht. Er besticht durch seine wunderbaren Skulpturen und Reliefs, die mythologische Szenen sowie erotische Darstellungen zeigen.

**Ranakpur

Der Ausflug lohnt, landschaftlich und kulturell. 90 km von Udaipur liegen, versteckt in den Aravalli-Bergen, die wohl schönsten Jaintempel Indiens aus dem 14./15. Jh. Der Haupttempel **Chaumukha** ist Adinath, dem ersten Tirthankara, geweiht. Eine Flucht von fein gemeißelten weißen Marmorsäulen umgibt das Heiligtum. Tausende filigrane Skulpturen – Jainheilige, Hindugötter, elegant schwebende himmlische Wesen und Musikanten – verleihen den Gewölben der vier Kuppelhallen spielerische Leichtigkeit.

Seite 48

Ranakpur, Adinath-Tempel

Der **Parashvanath-Tempel** ähnelt im äußeren Erscheinungsbild zunächst einem Hindutempel, anmutige Tänzerinnen mit den für Rajasthan typischen großen Ohrringen zieren die Fassade, erotische Darstellungen und Hindugötter sind zu erkennen. Das Sanktuarium ist jedoch dem Furtbereiter Parashvanath geweiht. (Öffnungszeiten: tgl. 12–17 Uhr.)

*Chittorgarh

Obwohl die gewaltige, 112 km entfernte Festung mehrfach erobert und zerstört wurde, sollten kulturell Interessierte den Tagesausflug unternehmen. Das einst mächtigste Bollwerk der Rajputen, das von einem 150 m hohen Tafelberg auf die gleichnamige Stadt blickt, ist heute ein großes Ruinenfeld mit mehreren erhaltenen Tempeln. Architektonische Raritäten sind der 30 m hohe **Siegesturm** (Jaya Stambha; 15. Jh.), mit Skulpturen hinduistischer Götter und Episoden aus dem Ramayana und Mahabharata verziert, und der 22 m hohe **Ruhmesturm** (Kirti Stambha; 13. Jh.).

Mt. Abu und die **Dilwara-Tempel

Der Ausflug, für den man zwei Tage veranschlagen muss, beinhaltet eine Übernachtung im Ferien- und Wallfahrtsort Mt. Abu (187 km). Die Fahrt aus der Ebene hinauf in die Aravalli-Berge nach Mt. Abu (1200 m) ist landschaftlich außerordentlich reizvoll.

Erst nach zwölf Uhr mittags öffnen sich die Pforten der Jain-Heiligtümer von ****Dilwara.** Hier erwartet Sie ein Wunder aus weißem Marmor: Unübertroffen sind die Steinmetzarbeiten am Vimal-Vasahi-Tempel (11. Jh.), der Adinath, dem ersten Tirthankara, geweiht ist. Die äußerst fein gemeißelten Säulen und Kuppeln, durch reich verzierte Bögen miteinander verbunden, sind zu Stein gewordene Legenden unbekannter Meister. Sie vollbrachten im Auftrag des Tempelstifters Vimala Shah, der für seine Kriegsverbrechen Buße tun wollte, bisher Unvorstellbares. Von ähnlicher Schönheit ist der dem 22. Tirthankara geweihte, angrenzende Tejpal-Tempel, in dessen Deckendekor eine Lotosblüte mit 108 Blütenblättern auffällt, aus denen Tänzerinnen hervortreten. Die lebensnah gestaltete Elefantenformation in der hinter dem Sanktuarium gelegenen Halle aus poliertem Marmor ist eine weitere künstlerische Rarität. (Öffnungszeiten: tgl. 12–18 Uhr; im Innern Fotografierverbot.)

Hillock, Tel. 02974/238463, Fax 238467. 500 m vom Zentrum entfernt, einfach. OO

Hilltone, Tel. 02974/238391, Fax 238395. Einfaches Gruppenhotel, zentral. OO

Bikaner Palace, Tel. 02974/238673, Fax 238674. Ruhiges Palasthotel, 5 Min. Fahrt zu den Tempeln. OO

Seite 48

Jodhpur ❺

Die zweitgrößte Stadt Rajasthans (700 000 Einw.) am Rande der Wüste Thar ist das wichtigste Handelszentrum der Region. In Steinbrüchen der Umgebung wird der rote Sandstein *(chattar)* abgebaut, der bei so vielen Bauwerken Rajasthans Verwendung fand.

Die trutzige Festung auf der Felsklippe oberhalb Jodhpurs erinnert an die Machtkämpfe der Rajputen von Marwar. Die strategische Lage am Rande der Wüste Thar, der lukrative Handel an der alten Karawanenroute nach Zentralasien und China und das Wasser machten Jodhpur zum Ziel mehrfacher Angriffe. Im 14. Jh, eroberten die Rathore-Rajputen unter Rao Chanda das Gebiet von Nagaur und Mandor und proklamierten sich zu Machthabern von Marwar.

Die Geburtsstunde von Jodhpur schlug 1459, als Rao Jodha die Residenz von Mandor verlegte, das Fort und die nach ihm benannte Stadt errichtete. Diese wurde 1544 von Sher Shah Suri, Feldherr des Kaiser Humayun, erobert. Erst unter Akbar, der eine hiesige Prinzessin heiratete (16. Jh.), und nach dem Tod seines Enkels Aurangzeb (1707) Marwar unterwarf, kehrte zunächst Friede ein. 1806 konnte die Festung vor den Truppen von Bikaner und Jaipur erfolgreich verteidigt werden.

Unter Jaswanth Singh II. blühte Jodhpur auf; er baute Ende des 19. Jhs. eine moderne Stadt nach britischem Muster.

Tipp Wagen Sie sich ruhig mitten in das Gewirr der Altstadt hineien und schlendern Sie durch den **Sardar Bazar** – hier können Sie Bekanntschaft mit einem Stück des ursprünglichen Indien machen.

Bollwerk der Rajputen – das gewaltige Mehrangarh Fort in Jodhpur

*Mehrangarh Fort

Gewaltige Mauern und Bastionen schützen die Burgfeste, die nie erobert wurde. Der steile Aufgang führt durch mehrere Tore. In den Palästen aus dem 16. bis 18. Jh. sind Schätze der Maharajas von Marwar – Waffen, Sänften, Manuskripte und Miniaturmalereien – ausgestellt; besonders schön sind die Innenräume von **Moti Mahal** (»Perlenpalast«), **Sukh Mahal** (»Freudenpalast«) und **Phool Mahal** (»Blumenpalast«). (Öffnungszeiten: tgl. 9–17, März–Aug. 8–18 Uhr.)

Jaswanth Thada

Nördlich des Forts liegt die königliche Verbrennungsstätte und der Chattri aus weißem Marmor für Maharaja Jaswanth Singh II., der 1899 verstarb. Chattri sind Gedächtnisbauten, die im Raum Jodhpur einem Hindutempel ähneln, aber kein Heiligtum haben. Seit dieser Zeit werden hier die Chattri aller Rathore-Rajputen errichtet. Die Chattri früherer Herrscher befinden sich in Mandor. (Öffnungszeiten: tgl. 8–18 Uhr.)

i **Tourist Information,** Hotel Ghoomar, Tel. 0291/2545083.

Flughafen: 7 km außerhalb. Flüge nach Delhi, Bombay, Jaipur, Udaipur.

Seite 48

Busverbindungen: Jaipur (7–8 Std.), Jaisalmer (7 Std.), Udaipur (6 Std.).

Umaid Bhawan Palace, Raikabagh, Tel. 0291/2510101, Fax 2510100. Heritage-Palasthotel, oft überbucht, gutes Restaurant. ❍❍❍

Taj Hari Mahal, 5 Residency Rd., Tel. 0291/2439700, Fax 2614452, www.tajhotels.com. Neues gepflegtes Haus der Taj-Gruppe. ❍❍❍

Ajit Bhawan, Circuit House Rd., Tel. 0291/2510410. Heritage Hotel, persönliche Atmosphäre. ❍❍

Antiquitätengeschäfte liegen zwischen den Hotels Ajit Bhawan und Umaid Bhawan Palace. Bunte Bandhani-Stoffe (s. S. 29) gibt es am Kapra Bazar (Altstadt), Silberschmuck nahe dem Sojati Gate. Einen Besuch lohnt die **Usha Boutique** im Hotel Ajit Bhawan.

Jaisalmer ❻

Die entlegenste Stadt (50 000 Einw.) Rajasthans lohnt die lange anstrengende Fahrt durch die Wüste. Schon von weitem zeichnet sich am Horizont die markante Silhouette der Festungsstadt ab, goldgelber Sandstein gegen tiefblauen Himmel.

Aus dem nahen Fünfstromland (heute Pakistan) kamen im 10. Jh. die Ahnherrn der Bhatti-Rajputen. Rawal Jaisal erkannte die strategisch günstige Lage des Felsens, der 80 m aus der Ebene herausragt, und baute hier 1156 sein Fort. Kaufleute ließen sich im Schutz der Festung nieder, Handel und Zölle brachten Reichtum.

1297 griff der Sultan von Delhi, Alaud-ud-Din Khilji, Jaisalmer an, konnte aber die Festung nur zwei Jahre halten. Jährliche Tributzahlungen an das Sultanat brachten den Bhatti-Rajputen Frieden und Unabhängigkeit. Die Heirat einer hiesigen Prinzessin mit dem Mogulkaiser Jehangir sicherte den Einfluss am kaiserlichen Hof in Agra. Jaisalmer wurde einer der führenden Rajputenstaaten, die »wilden Wölfe aus der Wüste«, erbitterte Gegner der mächtigen Rathore-Rajputen von Jodhpur und Bikaner, blieben sehr gefürchtet.

Kamelwagen sieht man in Jaisalmer häufig

Tipp An einem Tag man man die wichtigsten Sehenswürdigkeiten erkunden. Doch wer Zeit hat, sollte länger bleiben und vielleicht von hier aus auf Kamelsafari gehen (s. S. 59).

**Das Fort

Eine Wehrmauer mit 99 Bastionen umgibt die Festung auf dem Trikuta-Hügel; sieben stammen aus der Zeit Rawal Jaisals, 92 aus dem 17. Jh. Die gewaltige Mauer aus gelbem Sandstein, typisches Baumaterial von Jaisalmer, wurde ohne Mörtel errichtet. Sie umschließt den Palast und die

Seite 48

Im Fort von Jaisalmer

Nathmalji ki Haveli, Jaisalmer

»obere Stadt«. Die »untere Stadt« entstand später und liegt am östlichen Fuße des Hügels. Ein Teil des **Palastes** *(Raj Mahal)* wurde als Museum eingerichtet; abgesehen von einigen Wandmalereien ist es wenig interessant. Auf einer Terrasse daneben steht der Marmorthron. Der Kali-Tempel mit fein gemeißelter Fassade steht nur Hindus offen.

Durch verwinkelte Gassen gelangt man zu den **Jaintempeln** (Lederkleidung, -taschen, -gürtel und -schuhe verboten; nur bis 11 Uhr für Touristen offen): Parashvanatha (14. Jh.) ist der älteste und am reichsten verzierte. Die Fülle der Skulpturen (mehr als 6000) im Tempelbezirk ist überwältigend.

Im unterirdischen Gewölbe des Sambhavanantha-Tempels (15. Jh.) ist eine kostbare Sammlung alter Papier- und Palmblattmanuskripte zu sehen.

Die Unterstadt

Die untere Stadt können Sie hoch zu Kamel oder im Kamelwagen besichtigen. Jaisalmer ist berühmt für seine prächtigen **Havelis.** Muslimische Steinmetze haben die reich verzierten Fassaden dieser Patrizierhäuser gestaltet. Außergewöhnlich ist der turmartige, kuppelbekrönte **Haveli von Salim Singh,** eines Ministers des 18. Jhs. Um 1800 wurde das fünfstöckige **Patvon ki Haveli** als Residenz einer wohlhabenden Brokathändlerfamilie gebaut. Fassaden, Erker und Balkone sind zur Gänze mit Reliefs bedeckt. Von der Dachterrasse haben Sie einen wunderbaren Blick auf Festung und Altstadt. **Nathmalji ki Haveli** entstand Ende des 19. Jhs. als Residenz des Ministers Nathmal. Zwei Brüder wirkten als Steinmetz: Jeder stellte eine Haushälfte fertig, was wegen der unterschiedlichen Motive unübersehbar ist.

Im Südosten der Stadt liegt **Gadi Sagar,** der heilige Teich. Hier vermittelt ein kleines Folkloremuseum einen Einblick in Kultur und Volkskunst des Wüstenstaates.

Tipp Früh am Morgen, wenn die aufgehende Sonne den Sandstein in goldenes Licht taucht, ist der Blick von Gadi Sagar auf die Festungsstadt besonders schön. Die Nachmittagsstimmung fangen Sie am besten von der Westseite ein.

i **Tourist Office,** Station Rd., Tel. 02992/252406.

Seite 48

Bahnverbindung: Nachtexpress Jaisalmer – Jodhpur (9 Std.).
Busverbindungen: Bikaner, Jodhpur (8 Std.)

Fort Rajwada, Jodhpur–Barmer Link Rd., Tel. 02992/253233, Fax 253733. Neu und gut, aber außerhalb der Stadt gelegen. ❍❍
▮ **Himmatgarh Palace,** 1, Ramgarh Rd., Tel. 02992/252002, Fax 252005. Mit Blick auf das Fort. ❍❍
▮ **Narain Niwas Palace,** Malka Rd., Tel. 02992/252408, Fax 252101, www.narayanniwas.com. Zentral in der Altstadt gelegen. ❍❍
▮ **Jaisal Castle,** Oberstadt, Tel. 02992/252362. Haveli-Hotel mit persönlicher Atmosphäre. ❍

Einige kleine, billige Restaurants nahe den Sehenswürdigkeiten. Für gehobenere Ansprüche empfehlen sich die Hotelrestaurants.

Kamelsafaris

Das Abenteuer auf dem Kamelrücken kann nach Belieben ausgedehnt werden. Bei mehrtägigen Touren wird in Zelten (ohne Strom und fließendes Wasser) übernachtet. Doch Vorsicht, Ungeübten können schon nach einem halbtägigen Ritt Scheuerstellen und Muskelkater das Vergnügen trüben. Viele entlegene Dörfer sind jedoch nur so erreichbar, und gerade dort kann man das Leben der Wüstenbewohner unverfälscht erleben. Die Raika, Kameltreiber, sind die besten Führer durch die Wüste. Überflüssig zu sagen, dass das Naturerlebnis auf dem Rücken eines Wüstenschiffes mit nichts zu vergleichen ist!

Zahlreiche Andenkenläden in der Oberstadt und im Patvonki-Haveli verkaufen neben dem berühmten Rajasthani-Silberschmuck (vielfach ohne jeden Silbergehalt!) auch kleine Holztüren und -platten, Wollteppiche und in Stoff eingelegte Spiegelarbeiten.

Sanchi ❼

Die weite Anreise lohnt. Denn im kleinen Dorf Sanchi, 67 km nordöstlich von Bhopal, Hauptstadt von Madhya Pradesh, erwartet Sie der älteste, besterhaltene Stupa des Landes. Einzigartig liegt dieses Juwel frühbuddhistischer Architektur – auf der Liste des UNESCO-WEltkulturerbes – erhaben auf einem Hügel – besonders stimmungsvoll in der Morgen- und Abenddämmerung.

Im 3. Jh. v. Chr. ließ Kaiser Ashoka den ***__Großen Stupa__** als halbkugelförmigen Reliquienbehälter über den sterblichen Überresten Buddhas errichten. Ein Steinzaun *(vedika)* umrahmt das massiv gebaute Heiligtum mit einem Durchmesser von 31 m und einer Höhe von 13 m. Im Mittelpunkt erhebt sich eine von drei Schirmen bekrönte Steinsäule, die als Weltenachse gedeutet wird. Elfenbeinschnitzer sollen die überaus kunstvollen Reliefs mit Szenen aus dem Leben Buddhas in den Sandstein gemeißelt haben. Mehr als 2000 Jahre haben sie der Witterung standgehalten!

Im frühen Buddhismus wird Buddha nicht als Person dargestellt, sondern in Symbolen wie dem Rad, Fußabdrücken oder dem Baum der Erleuchtung. Mahendra, der Sohn Ashokas, der lange Zeit in Sri Lanka missionier-

Seite 48

te, baute das erste Kloster. Bis zum 12. Jh. war Sanchi eines der wichtigsten Pilgerzentren, weitere Klöster und Tempel (heute Ruinen) wurden gebaut. Das Vordringen des Islam und das Wiedererstarken des Hinduismus schwächten dann den Buddhismus, Sanchi geriet in Vergessenheit. 1818 entdeckten britische Soldaten das Ruinenfeld; 1893 begannen die Ausgrabungen.

Aus der Gründungszeit stammt auch der kleinere Stupa mit Reliquien von Sariputra und Mahamogelan, den Jüngern Buddhas, die heute im modernen buddhistischen Tempel nebenan aufbewahrt werden. Am Fuß des Hügels lohnt ein kleines Archäologisches Museum den Besuch (Öffnungszeiten: tgl. außer Fr 10–17 Uhr).

M. P. State Tourism Development Corporation, Gangotri, Bhopal, Tel. 0755/778383. Informationsschalter am Flughafen und im Bahnhof.

Flughafen: 11 km von Bhopal. Regelmäßige Flüge nach Delhi und Bombay.
Bahnverbindung: Shatabdi Express nach Delhi (über Agra, Gwalior, Jhansi).
Busverbindungen: von Bhopal nach Sanchi Taxi (2 Std.) oder Busse (3 Std.).
Falls keine **Taxis** am Flughafen stehen: Radiant Travel, Tel. 738540 .

Jehan Numa Palace, Shamla Hills, Tel. 0755/661100, Fax 661720. Gutes Mittelklassehotel in schöner Lage oberhalb von Bhopal. ❍❍

Noor-us-Sabah Palace, V.I.P. Rd., Tel. 0755/749101. Neues Heritage-Hotel, 5 km vom Flughafen und der Innenstadt entfernt. ❍❍

Tourist Bungalow. Die einzige Unterkunft im Dorf Sanchi, einfach. ❍

***Khajuraho ❽

Hohe Tempeltürme überragen die friedliche Landschaft und das einst verschlafene Dorf von Khajuraho. Je näher man den Tempeln kommt, umso mehr kommt man ins Staunen. Eine unglaubliche Fülle von Tierfriesen und Kriegszügen, von anmutigen weiblichen Gestalten *(surasundaris)* und Liebespaaren *(mithunas)* überziehen die Fassaden. Mit sinnlicher Offenheit wird hier die Lust als göttliches schöpferisches Prinzip bis ins kleinste Detail dargestellt. Die Vereinigung von Mann und Frau wird so zum Ausdruck tiefster Religiosität, zum Symbol der Ureinheit, der Verschmelzung von Atman (Seele) und Brahman (Weltenseele).

Um die Tempel, die zum UNESCO-Weltkulturerbe zählen, in Muße zu betrachten, sollte mindestens ein voller

Blütezeit

Zwischen 950 und 1050 n. Chr. ließen die Chandela-Könige im Zenit ihrer Macht nicht großartige Paläste errichten, sondern 85 Tempel, von denen 22 in Khajuraro erhalten sind. Es war die Zeit der Hochblüte hinduistischer Sakralarchitektur und Bildhauerkunst in Nordindien. Die religionsphilosophische Lehre des Tantrismus, die in der Verschmelzung komplementärer Elemente den Erlösungsweg sah, und das große Buch der Liebe, das »Kamasutra«, beflügelten die Priesterarchitekten.

Seite 48

Kandariya Mahadeo, Khajurahos größter und eindrucksvollster Tempel

Fries am Lakshman-Tempel von Khajuraho

Tag zur Verfügung stehen. Die idyllische Lage und entspannte Atmosphäre laden zum längeren Erholungsaufenthalt ein.

Westliche Gruppe

****Kandariya Mahadeo,** der größte und eindrucksvollste Tempel der westlichen Gruppe, ist Shiva geweiht. Mehr als 900 Skulpturen schmücken das Heiligtum mit dem schlanken, konvexen Turm *(shikara)*, dem Abbild des mythischen Weltenbergs Meru. Vorhallen *(mandapas)* führen zum Sanktuarium, das seit der Teilzerstörung der Tempelanlage durch muslimische Eroberer für Gläubige wenig Bedeutung hat.

Auf derselben Plattform steht der kleinere ****Devi-Jagadamba-Tempel** mit besonders feinen Steinplastiken.

Besonders bemerkenswert sind am ****Lakshman-Tempel** die Friese der Steinplattform, auf der das Vishnu-Heiligtum ruht. Vishnu in der Inkarnation des Ebers wird in einem Miniaturheiligtum gegenüber verehrt.

Von beachtlicher Größe sind ****Vishvanath- und Nandi-Tempel.** Shiva als Weltenherrscher (Vishvanath) und sein Begleittier, der Bulle Nandi, haben hier ihre Stätte der Verehrung.

Östliche Gruppe

Neben der westlichen Gruppe, dem anschaulichsten Freilichtmuseum nordindischer Tempelkunst, sind noch die Jaintempel der östlichen Gruppe sehenswert. Die Fassaden von **Adinath-** und **Parashvanath-Tempel** (dem 1. und 23. Tirthankara geweiht) unterscheiden sich kaum von den Hindutempeln, da auch hier Hindugötter gemäß ihrer kosmischen Ordnung dargestellt sind. Die Tirthankara-Idole sind an drei Schirmen, dem rhombenförmigen Juwel der Erkenntnis auf der Brust und an der Nacktheit zu erkennen.

Tipp Alljährlich im März findet vor der Kulisse der Tempel das **Khajuraho Dance Festival** mit renommierten Tänzern statt.

i **Indiatourism,** nahe der westlichen Tempelgruppe, Tel. 07686/2047, und am Flughafen.

Flughafen: Delhi, Agra, Varanasi.
Bahnverbindung: Shatabdi Express bis Jhansi; von dort 180 km (6 Std.) per Mietwagen nach Khajuraho

Seite 48

(Buchung: The Orient Express, Tel. 07686/ 2101, Fax 2095; Khajuraho Tours, Tel. 07686/2033, Fax 2123).
Busverbindung: Gwalior (8 Std.), Agra (12 Std.).

Holiday Inn, 3 km von den Tempeln entfernt, Tel. 07686/ 272301, Fax 272304, www. holiday-inn.de. Großzügige Anlage mit Pool. ❍❍
▪ **Hotel Chandela,** 3 km von den Tempeln entfernt, Tel. 07686/272355, Fax 272365, www.tajhotels.com. Führendes Haus, Garten und Pool. ❍❍
▪ **The Jass Oberoi,** knapp 3 km von den Tempeln entfernt, Tel. 07686/ 72345. Gepflegter Luxus, Pool. ❍❍
▪ Alle Hotels unter www.khajuraho-hotels.com

Das **Kandariya Art & Culture Centre** zeigt jeden Abend Volkstänze.

Im **Khajuraho Shilpgram** können Sie den Handwerkern zusehen und einkaufen.

Varanasi ❾

Täglich strömen Pilger aus ganz Indien zum heiligen Fluss, hoffen durch das rituelle Bad auf Reinigung von Sünden oder gar auf Erlösung. Jeder Hindu sollte einmal in seinem Leben eine Wallfahrt in die heiligste Stadt machen. Unweit der Badeghats steigen Rauchsäulen von den Scheiterhaufen auf. Tod und Verbrennung am heiligen Fluss versprechen Erlösung aus dem Kreislauf der Wiedergeburten, Einkehr der Seele ins Moksha. Nirgendwo ist man dem Geist Indiens so schrankenlos nahe wie in Varanasi, dem alten Benares, Hochburg des Hinduismus seit mehr als 2500 Jahren. Während die Pilger fünf Tage für die Wallfahrt zu 108 Weihestätten benötigen, genügt dem Touristen ein Tag.

Vishvanath-Tempel

Der Vishvanath-Tempel, das Shiva geweihte Hauptheiligtum, liegt in der verwinkelten Altstadt. Glaubt man der Überlieferung, so soll hier bereits vor 2200 Jahren ein Tempel existiert haben. Das heutige Gebäude geht auf eine Stiftung der Maharani von Indore im 18. Jh. zurück, die Goldauflage der Dächer auf Maharaja Ranjit Singh im 19. Jh. Das Heiligtum darf nur von Hindus betreten werden, alte Tempelteile sind an der Gyan-Vapi-Moschee dahinter zu sehen. Allein der Weg durch die Basarstraßen zum Tempel, in denen sich morgens Gläubige, später am Tag Kauflustige drängen, ist ein Erlebnis.

Durga Tempel

Im zweitwichtigsten Heiligtum werden zur Besänftigung der Göttin Blutopfer gebracht, ersatzweise auch Kokosnüsse und rote Hibiskusblüten. Wilde Affen treiben sich im Tempelbezirk herum, der nur von Hindus betreten werden darf. Touristen können von einer Plattform in den Tempelhof sehen.

**Ghats

So nennt man die Steinstufen, die zum Ganges hinunterführen. Das Treiben lässt sich auf einer Bootsfahrt gut beobachten – am besten schon bei Sonnenaufgang. Die Fahrt beginnt am heiligsten Ghat Dasasvamedh, an dem das berühmte »Zehn-Pferde-Opfer« Brahmas stattgefunden haben soll, führt zunächst flussaufwärts zum Ghat der Wäscher, dann flussabwärts vorbei an den Verbrennungsplätzen

Seite 48

An den Ghats von Varanasi: ein Sadhu …

… und ein Pilger

zum Marnikarnika Ghat. Nach etwa einstündiger Bootsfahrt geht man hier am besten an Land, folgt dem Pilgerstrom zum Vishvanath-Tempel und vermeidet somit aufdringliche Bettler, die sich rund um den heiligsten Ghat konzentrieren.

Ausflug nach Sarnath

Nur 10 km nördlich liegt das friedliche Sarnath, Wallfahrtsort von Buddhisten aus aller Welt. Hier im ehemaligen Gazellenhain hat Buddha die erste Predigt nach seiner Erleuchtung gehalten, das Rad der Lehre in Bewegung gesetzt. Klöster verschiedener buddhistischer Länder haben sich außerhalb des archäologischen Geländes angesiedelt, das vom riesigen **Dhamek Stupa** am Platz der ersten Predigt überragt wird. Im angrenzenden modernen Tempel sind Reliquien Buddhas aufbewahrt. Besonders sehenswert ist das ***Archäologische Museum,** das die schönsten Buddhafiguren aus der Gupta-Zeit und das weltberühmte Löwenkapitell der Ashoka-Säule, das Staatsemblem Indiens, birgt (tgl. außer Fr 10 bis 17 Uhr).

i **Tourist Office,** The Mall, Tel. 0542/43744.

Flughafen: 22 km nördlich der Stadt. Täglich Flüge nach Delhi via Khajuraho, Agra und nach Katmandu.
Bahnverbindung: mit allen großen Städten.

Andacht am Ganges

Das Treiben am Nordufer des Ganges ist turbulent und spiegelt alle Facetten indischen Lebens wider. Im Gebet versunken und halb im Wasser stehend, richten die Gläubigen ihr Antlitz der aufgehenden Sonne zu, opfern Blüten und brennende Lämpchen.

Unvergesslich bleibt die Atmosphäre an den Badeghats, das Gewoge der zum Fluss drängenden Menschen, die in ihrer unerschütterlichen Gläubigkeit in die trüben Fluten tauchen.

Seite 65

Taj Ganges, Nadesar Palace Ground, Tel. 0542/2345100, 2502724, www.tajhotels.com (unter Benares suchen). Beste Adresse. ❍❍
▮ **Clarks Varanasi,** The Mall, Tel. 0542/348501, Fax 348186, www.hotels-varanasi.com/clark.html. Ältestes Hotel mit neuem Flügel. ❍❍
▮ **Varanasi Ashok,** The Mall, Tel. 0542/346020, Fax 348089, www.theashokgroup.com. Staatlich geführt, preiswert. ❍❍
▮ **Hotel de Paris,** The Mall, Tel. 0542/346601. Renovierter Kolonialbau in großem Garten. ❍

Seiden und Brokate aus Benares genießen Weltruf. Im staatlichen **Emporium Upica** (Nadesar Cantt.) sind sie meterweise zu Fixpreisen erhältlich. Qualitativ hochwertige Seidenbrokate bietet **Mehta Silk Museum** (3B, Varuna Bridge, nahe Clarks Hotel).

Ladakh ⑩

Vom Rest der Welt so gut wie abgeschnitten liegt Ladakh, das Land der Pässe zwischen Karakorum und dem Großen Himalaya. Die bizarre Mondlandschaft der Hochgebirgswüste erinnert an Tibet. Der am heiligen Berg Kailasch entspringende Indus durchfließt das Kernland von Ladakh – einst wichtigster Verbindungspfad zwischen dem Dach der Welt und der Tiefebene des Fünfstromlandes, des Punjab im heutigen Pakistan. Geschichte und Religion von Ladakh sind eng mit Tibet verknüpft. Die Schließung der Grenze zu Tibet 1962 nach dem indochinesischen Krieg und der immer wieder aufflammende Grenzkonflikt mit Pakistan führen zu einer massiven Präsenz indischen Militärs in der politisch sensiblen Zone. Umso bewundernswerter ist der Friede in Klöstern und Oasendörfern, die Unbeschwertheit und Fröhlichkeit der Ladakhi.

Unter der tibetischen Yarklun-Dynastie (930–1470) rückt Ladakh ins Rampenlicht der Geschichte. Es wird selbstständiges Königreich mit der Hauptstadt Shey. Die Yarklun-Könige stiften zahlreiche buddhistische Klöster. Familienfehden führen im frühen 15. Jh. zur Trennung des Königreiches in Ober-Ladakh (Ladvags-stod, Hauptstadt Shey) und Unter-Ladakh (Smadrnams, Hauptstadt Basgo). 1470 erfolgt die Wiedervereinigung unter König Lha-chen Bhagan, die Hauptstadt wird nach Leh verlegt, und die Dynastie nennt sich fortan Namgyal (»Große Sieger«). 1843 erobert Maharaja Gulab Singh von Jammu das entlegene Himalayareich. 1947 wird Ladakh Provinz des neu gegründeten Staates Jammu und Kaschmir. 1962 besetzen chinesische Truppen das zu Ladakh gehörende östliche Hochplateau Aksai Chin (Changtang). Ladakh bleibt bis 1974 Sperrgebiet. Noch immer sind wegen der politisch labilen Grenzlage zu China (Autonome Region Tibet und Sinkiang) und Pakistan weite Teile von »Klein-Tibet«, wie Ladakh genannt wird, für Ausländer gesperrt.

Tipp Wer Ladakh besuchen will, sollte sich mindestens eine Woche Zeit nehmen. Die Anpassung an die Höhe von durchschnittlich 3500 m erfordert einen Ruhetag zu Beginn (besonders, wenn man nach Leh fliegt) und langsame Steigerung der Aktivitäten in den Folgetagen.

*Leh Ⓐ

Die Hauptstadt Ladakhs (20 000 Einw.; 3500 m), einst Treffpunkt von Karawanenrouten, wird vom neunstöckigen **Königspalast** überragt, An-

Die Hochgebirgswüste von Ladakh, eine bizarre Mondlandschaft

fang des 17. Jhs. vom Löwenkönig Sengge Namgyal erbaut. Die meisten der einst hundert Räumlichkeiten sind verfallen. Die Palasttempel können besucht werden. Zu Füßen des Palastes breitet sich die Stadt aus. In relativ kurzer Zeit werden Sie alle Winkel kennen.

Seit Leh zum Reiseziel von Travellern wurde, wachsen kleine Cafés und Restaurants, darunter auch eine German Bakery, wie Pilze aus dem Boden.

Religiöse Rollbilder (Thankas), Bronzen, Teppiche und Seidentücher finden Sie auf dem **Main Market,** auf der **Hauptstraße** und in den Gassen unterhalb des Königspalastes. Die kostbaren Peraks (Kopfschmuck der Ladakh-Frauen) und den typischen Ladakhi-Schmuck (mit Türkisen und Korallen) kauft man am besten in der Nähe der Moschee, Yakbein-Ketten, Gebetszylinder und Teeschalen auf dem **Tibetermarkt** nahe dem Ibex-Hotel.

Durch Gerstenfelder führt ein hübscher Weg (3 km) in nördlicher Richtung, vorbei

Markt in Leh

am Ökologischen Zentrum (mit kleiner Bibliothek und informativen Videos), zum Meditationskloster von **Shankar** mit schönen Wandmalereien (Öffnungszeiten: tgl. 7–10, 17–18 Uhr). Am Nordrand von Leh steht **Changspa Chörten,** das älteste Heiligtum aus der Zeit der Darden (8. Jh.).

Tipp Von Leh aus kann man die wichtigsten Klöster von Ober-Ladakh problemlos per Jeep (der Taxi-Stand liegt westlich der Hauptstraße Richtung Lharimo-Hotel) erreichen.

Shey B (16 km)

Auf dem Weg nach Hemis fährt man durch das tibetische Flüchtlingsdorf Choglamsar (SOS-Kinderdorf) nach **Shey,** der alten Hauptstadt. Die fast 600 Jahre alte Burg ist verfallen, doch sollte man hinaufsteigen, um den Buddha-Tempel mit schönen Wandmalereien zu besuchen (Öffnungszeiten: tgl. 7–9, 17–18 Uhr). Am Fuß der

Seite 65

Festungsruine sind Steinreliefs aus der Frühzeit des Buddhismus im Himalaya (ca. 8. Jh.) zu sehen.

*Tikse C (20 km)

Das Kloster, seit dem 16. Jh. Sitz des Gelbmützenordens, thront auf einem Felsen hoch über dem Indus-Tal. Beachtenswert sind die alten Holzsäulen im Hauptgebetsraum der Mönche, die Wandmalereien und der neue Maitreya-Tempel. Besonders schön ist der Blick vom Flachdach auf die Sechstausender der Zanskar-Kette und über das fruchtbare Tal.

*Hemis D (47 km)

Das reichste und durch das alljährliche Hemis-Fest (Juni/Juli) auch bekannteste Kloster liegt versteckt in einem Seitental des Indus. Tempel, Mönchszellen und Gemeinschaftsräume kleben förmlich an der steilen Felswand. Mönche des Rotmützenordens führen Sie durch einige Räume.

Eine Vorstellung von den Ausmaßen der Klosteranlage erhält man von einem erhöhten Standpunkt beim Aufstieg (ca. 1 Std., sehr steil) zur Eremitage (Gotsang Gompa, 3900 m).

Stok E und *Spitok F

Seit der Entmachtung durch Maharaja Gulab Singh im 19. Jh. haben die Nachfahren der Könige von Ladakh eine neue Residenz. Jenseits des Indus, südlich von Leh, liegt der **Palast von Stok** (16 km), in dem einige Königsschätze, darunter die Krone und religiöse Rollbilder (Thangkas), ausgestellt sind. Oberhalb des Flughafens liegt das Zentralkloster des Gelbmützenordens, ***Spitok,** mit dem rot getünchten Kultraum der Schutzgötter (Gonkhang) darüber. Im kleinen Gebetsraum des Abts sind wertvolle, vergoldete Tarastatuen (buddhistische Göttin der Barmherzigkeit) zu sehen.

Bibliothek des Klosters Tikse

Von Spitok führt die Straße weiter Richtung Westen nach ***Phiyang** (17 km) in einem malerischen Tal. Die Wandmalereien der Kulträume sind beachtlich, sehenswert ist auch der Schutzgotttempel (Gonkhang).

Unter-Ladakh

Landschaftlich reizvoll ist die Fahrt entlang dem Indus über Basgo, der alten Hauptstadt von Unter-Ladakh mit trutziger Burgfeste, bis nach Saspol (70 km). Ehe man **Saspol G**, den besten Ausgangspunkt für den Besuch von Alchi (s. S. 67), erreicht, bietet sich ein Abstecher zum pittoresk gelegenen Kloster von Likir an.

Tipp Für den Ausflug nach Unter-Ladakh, den Besuch der Klöster von Alchi und Lamayuru, sind drei Tage einzuplanen. Einfache Übernachtungsmöglichkeiten (Zelt und Gästehaus) in der **Oase Saspol** und **Alchi Resort,** Tel. 01982/52520.

**Lamayuru H

Von Saspol Richtung Srinagar führt die Militärstraße über zahlreiche Ser-

Seite 65

pentinen des Fatu-La-Passes nach Lamayuru (60 km) – ein landschaftlich und kulturell interessanter Tagesausflug. Am Rand eines ausgetrockneten Sees, dessen gewaltige Ablagerungen gut erkennbar sind, steht eines der ältesten Klöster Ladakhs. Aus der Gründerzeit (10. Jh.) ist ein kleiner Tempelraum (Sengge Lakhang) mit interessanten Buddhafiguren (leider in schlechtem Zustand) erhalten. Vom Innenhof gelangt man in den reich geschmückten Gebetsraum (Dukhang); an der Seitenwand ist die Meditationshöhle des Weisen Naropa (10. Jh.) zu sehen.

i **Tourist Office,** Airport Road, Tel. 01982/2294.

Flugverbindungen: mehrmals wöchentlich Flüge nach Delhi, Chandigarh, Srinagar (in der Hochsaison oft überbucht; wetterbedingte Flugausfälle können die Rückkehr nach Delhi verzögern).
Busverbindungen: Srinagar–Leh (2 Tage, mit Besichtigung von Lamayuru und Alchi 3 Tage), Manali–Leh (3 sehr anstrengende Tage).

Kleinod

Das 1000 Jahre alte Kloster **Alchi** ist einer der größten Kunstschätze im Himalaya. Holzschnitzereien und Malereien aus der Entstehungszeit sind an Schönheit und Feinheit kaum zu übertreffen. Besonders die 4 m hohen Stuckfiguren von Buddha und seinen Bodhisattvas Avolokiteshvara und Maitreya sind mit religiösen und höfischen Motiven feinstens bemalt.

Kloster Lamayuru

Die Hotels von Ladakh sind alle klein und einfach, die meisten haben hübsche Gärten. Viele liegen in der Nähe des Changspa Chörten in Leh.
- **Kanglachen Hotel,** Leh. Zentral. ❍❍
- **Shamba La,** Tel. 01982/53500. Saubere Zimmer mit Lokalkolorit; das Hotel organisiert Exkurionen und Treks. ❍❍

Dreamland, Fort Rd., Leh. Tibetisch-chinesische Nudel- und Reisgerichte. ❍
- **Penguin Bar & Restaurant,** Fort Rd., Gute deutsche Bäckerei und Snacks. ❍
- **Ecological Development Center,** fünf Gehminuten nördlich des Basars in Leh im ökologischen Infozentrum. Snacks und Kuchen aus dem Solarofen. ❍
- **Mona Lisa,** nahe dem Ökozentrum. Gartenrestaurant mit Bar, in der auch *chang,* das lokale Gerstengebräu, ausgeschenkt wird. ❍

Seite 73

Bombay und der Westen

Bombay, Indiens größte und modernste Stadt, ist voller Vitalität und wohltuender Wärme, ein Mikrokosmos von Religionen und Völkern. Nur eine Flugstunde entfernt das total andere Indien-Erlebnis: die schönsten und ältesten Höhlentempel des Landes, Kulturdenkmäler ersten Ranges in Ellora und Ajanta. Endlose, palmengesäumte Strände locken in Goa.

Crawford Market in Bombay

Bombay ⓫

14,5 Mio. Menschen leben in der größten Stadt Indiens. Prunkbauten aus britischer Kolonialzeit verblassen angesichts der immer höher werdenden Büro- und Wohntürme. Bombay – oder besser **Mumbai,** wie die Stadt heute nach der Göttin der einheimischen Koli-Fischer offiziell heißt – ist Zentrum von Handel und Wirtschaft, der weltgrößten Filmindustrie und der Mode. Unvergleichlich ist das Flair der Hafenstadt, wo heilige Kühe von klimatisierten Bussen nicht mutwillig an den Straßenrand gedrängt werden, wo Blumengirlanden und Räucherstäbchen vor Tempeln reißenden Absatz finden, wo der letzte Modeschrei ebenso getragen wird wie der Sari. Zwei Tage sollten Sie der Stadt schon widmen.

Ende des 15. Jhs. erschließen die Portugiesen den Seeweg nach Indien. 1534 erwerben sie im Vertrag von Bassein das Land um das spätere Bombay. 1661 gelangt die Handelsniederlassung durch die Heirat Katharinas von Braganza mit König Charles II. als Mitgift in englischen Besitz. Die Verwaltung wird der Ostindischen Handelskompanie übertragen. 1835 wird Bombay Bischofssitz, 1857 Universitätsstadt. 1860 wird das erste Teilstück der indischen Eisenbahn von Bombay nach Ahmedabad, der nach Bombay zweitwichtigsten Textilstadt, fertig gestellt. Bis zum Einsetzen des Flugverkehrs bleibt die Hafenstadt für Europäer das wichtigste »Tor zu Indien«.

Tipp Die Sehenswürdigkeiten sind weit verstreut und am besten auf einer halbtägigen Stadtrundfahrt zu erkunden (Taxis sind preiswert). Das Stadtzentrum mit den wichtigsten Besichtigungspunkten liegt an der Südspitze der Halbinsel Salsette.

Malabar Hill

Von den **Hängenden Gärten** am Malabar Hill blickt man auf die Skyline von Bombay. Am Rand der Parkanlage stehen über dem Wasserreservoir die Türme des Schweigens, die fünf Bestattungstürme der Parsen. Hinter hohen Bäumen verborgen werden die

Seite 73

Verstorbenen »luftbestattet«, d. h., den Vögeln zum Fraß ausgesetzt. Im renommierten Wohnbezirk liegt ein kleiner, reicher **Jaintempel** (1904) mit wunderschönen Türen aus Silber. Nördlich von Malabar Hill steht der älteste Tempel der Stadt: Scharen von Gläubigen kommen täglich zum **Mahalakshmi-Tempel,** um die Göttin Mahalakshmi um Reichtum und Wohlergehen zu bitten.

Mumbadevi-Tempel

Zwischen dem übervölkerten Marktviertel Buleshwar und dem Crawford Market wird im Mumbadevi-Tempel (1753) die Schutzgöttin der ältesten, hier ansässigen Bevölkerungsgruppe, der Koli-Fischer, verehrt.

Fortviertel

Im ehemaligen Fortviertel der Briten tragen viele Gebäude den Stempel der

Die Parsen

»Menschenwürdige Arbeitsplätze haben mit Religion manchmal mehr zu tun als mit Feuertempeln«, so lautet ein Ausspruch des Großindustriellen P. Godrej aus Bombay, eines Parsen. Seine Vorfahren haben vor rund 1300 Jahren die Heimat verlassen. Etwa 120 000 Seelen zählt die religiöse Minderheit der »Leute aus Fars«, die tragende Säulen der Wirtschaft sind, mit einer revolutionär-fortschrittlichen und sozialen Gesinnung. Sie unterhalten Schulen, Waisenhäuser, Hospitäler und waren Vorreiter bei der betrieblichen Altersversorgung. Die meisten Parsen leben in Bombay, ihre Geschäftstüchtigkeit hat schon während der Kolonialzeit wesentlich zum Aufbau der Stadt beigetragen. Eine Elite, die trotz der Aufgeschlossenheit für westliche Ideen und der Assimilationsgefahr durch die indische Hochkultur ihre Eigenständigkeit bewahrt hat. Parsen heiraten nur Parsen, Traditionen werden in der Familie gehütet.

Im 7. Jh. flohen die Anhänger der Lehre Zarathustras vor muslimischen Eroberern aus der südpersischen Region Fars nach Indien. Das heilige und ewige Feuer, das der Prophet Zarathustra selbst vom Himmel geholt haben soll, darf in den Tempeln nie erlöschen. Im Feuer zeigt sich der oberste und einzige Gott Ahura Mazda den Menschen, das Feuer steht im Zentrum der Andacht der Parsen. Unauffällig in die Häuserreihen der Stadt eingegliedert liegen Tempel mit der Aufschrift: »Fire-Temple – Entrance for Parsi only«. (Da dem indischen Alphabet das »F« fehlt, wurden die »Farsi« zu »Parsi«.) Feuertempel und Bestattungstürme bleiben Andersgläubigen verschlossen.

Die Verunreinigung der Elemente Wasser, Erde, und Feuer spricht gegen die göttliche Offenbarungslehre Zarathustras, die in der heiligen Schrift »Awesta« niedergeschrieben ist. Erd- und Feuerbestattung sind nach der Reinheitsvorstellung nicht zulässig, und so werden Parsen bis zum heutigen Tag auf den Türmen des Schweigens »luftbestattet«, der Leichnam den Vögeln zum Fraß freigegeben.

Seite 73

Der Bahnhof von Bombay

Ein berühmter Blick: Taj Mahal Hotel und Gateway of India

Kolonialzeit. Der Hauptbahnhof, **Victoria Terminus,** ist ein neogotisches Prachtexemplar des 19. Jhs. Richtung Westen geht es, vorbei am **Münzamt** (1829), dem alten **Rathaus** (1883) am Horniman Circle, an der **Cathedral of St. Thomas** (1718) und an der **Flora Fountain** (Ende 19. Jh.) zum **Oval.** Entlang dieser großen Grünfläche, einer der Lungen der Stadt, reihen sich weitere Kolonialbauten: **High Court,** der Oberste Gerichtshof (1878), ist am Pyramidendach im neogotischen Stil zu erkennen. Der 48 m hohe **Rajabai-Turm** über der Universitätsbibliothek war im 19. Jh. das höchste Gebäude der Stadt. Nach Süden schließen sich die **University Hall** (1857) und das **Old Secretariat** (1874) an. Nahe dem Universitätsgelände zeigt die **Jehangir Gallery** moderne Kunst.

Daneben liegt hinter Palmen versteckt das kuppelgekrönte **Prince of Wales Museum.** Besonders lohnt der Besuch der archäologischen Abteilung mit Exponaten gräko-buddhistischer (Gandhara), hinduistischer sowie tibetisch-buddhistischer Kunst (Öffnungszeiten: tgl. 10–17 Uhr, Mo geschl.).

Gateway of India

Das Wahrzeichen Bombays erhebt sich direkt am Wasser, im Jahr 1911 erbaut als Empfangshalle für Georg V., der als erster englischer König nach Indien kam, um sich in Delhi zum Kaiser krönen zu lassen.

Gegenüber öffnete 1903 das berühmte **Taj Mahal Hotel** seine Pforten. In den 70er Jahren des 20. Jhs. entstand ein moderner Anbau. Lassen Sie von der Harbour View Lounge bei einem Nachmittagstee oder einem kühlen Bier zum Sonnenuntergang den Blick über das Gateway of India und den Hafen schweifen.

Ausflug nach ***Elephanta

Eine Stunde braucht das Boot vom Gateway of India bis zur 10 km ent-

Mahatma Gandhi

Nahe Chowpatty Beach und der ehemaligen Prachtstraße Marine Drive, deren Ende die Hochhäuser von Air India und das Oberoi-Hotel markieren, liegt in einer kleinen Seitenstraße **Mani Bhavan,** das Wohnhaus von Mahatma Gandhi. Die »Große Seele Indiens« lebte hier in den 1930er Jahren. Das kleine Museum gewährt Einblick in das Wirken des Vaters der Nation.

Seite 73

fernten Insel (9–14 Uhr, während der Monsunzeit nur begrenzter Bootsverkehr). Ein schattiger, steiler Treppenaufgang führt zu den berühmten Kulthöhlen – UNESCO-Weltkulturerbe. Die Frauen der wenigen Koli-Fischer, die noch im Dorf leben, stehen mit dem Topf auf dem Kopf zum Foto bereit – gegen Bezahlung.

Die Tempelanlage wurde im 7. Jh. aus dem Basaltfelsen gehauen. Im 17. Jh. zerstörten die Portugiesen einige der Götterstatuen, um die »Götzenanbetung« zu unterbinden. Trotzdem zählt Elephanta zu den schönsten Beispielen indischer Höhlentempelarchitektur. Besonders sehenswert ist die Haupthalle mit phantastischen Hochreliefs, die Shiva in seiner Vielgestalt zeigen: als kosmischen Tänzer (Nataraja), Zerstörer des Bösen (Andhakasura), als Ursprung der Schöpfung (Ardhanarishwara), als Ahnherrn der Yogis (Yogishwara). Das Meisterwerk jedoch ist die dreigesichtige Darstellung von Maheshamurti – Shiva als Schöpfer, Erhalter und Zerstörer.

Videoaufnahmen sind in Elephanta nicht erlaubt.

Infos

Vorwahl: 022

i **Tourist Office,** 123 Karve Rd., Churchgate, Tel. 022/2036854; Flughafen-Schalter.

Flughäfen: Sowohl **Chatrapati Shivaji International Airport** als auch **Santa Cruz National Airport** liegen rund 30 km außerhalb (60–90 Min. Fahrt). Zwischen den Flughäfen verkehren Pendelbusse (ca. 20 Min.). Air India: Tel. 2024142, LH: Tel. 2023430, Indian Airlines: Tel. 2876161, Jet Airways: Tel. 8386211.

Bahnverbindungen: Von **Victoria Terminus** (VT) und **Mumbai Central Station** täglich Verbindungen in alle Großstädte.

Busverbindungen: Busse in alle Richtungen vom **State Transport Terminal,** gegenüber Mumbai Central Station; Tel. 3074272.

i Alle Hotels finden Sie unter **www.mumbainet.com/hotels**

The Leela, Sahar, Tel. 8363636, Fax 8360606. Topadresse am International Airport. ○○○

- **Taj Mahal Hotel,** Apollo Bunder, Colaba, Tel. 56653366, Fax 56650300, www.tajhotels.com. Legendäres Luxushotel am Gateway of India, Mitglied der Leading Hotels of the World. ○○○
- **Le Royal Meridien,** Chatrapati Shivaji Airport Rd., Tel. 838000, Fax 8380101. Gepflegtes neues Haus nahe dem Flughafen. ○○○
- **The Oberoi,** Nariman Point, Tel. 2325757, Fax 2043282. Modernes Hotel (Marine Drive) mit riesigem Shopping Centre. ○○○
- **The Ambassador,** Churchgate Extension, Tel. 2041131, Fax 2040004. Zentral gelegen, Mittelklasse. ○○○
- **West End,** 45 New Marine Lines, Tel. 2039121, Fax 2057506. Einfaches Haus, aber sauber und zentral gelegen. ○○

Die Spezialität Bombays sind Fische (»Pomfret«, »Bombay Duck«) und Meeresfrüchte in indischen und chinesischen Restaurants. Erstklassige Restaurants haben die internationalen Hotels.

- **Ling's Pavillion,** 19/21, KC College Hostel Bldg., Colaba, Tel. 2850023–4. Gute chinesische Küche, teuer. ○○
- **The Restaurant,** Vikas Centre, 106 SV Rd., Santa Cruz, Tel. 6115842. Spezialität: Königskrabben mit Senfaroma *(Sonhera Jhinga)*. ○

Seite 73

- **Indian Summer,** Churchgate, Veer Nariman Rd., Tel. 2835445. Vegetarisches Lokal mit Bar. ❍
- **Gaylord,** Churchgate Extension (gegenüber Ambassador Hotel). Gute indische und europäische Küche, klimatisiertes Restaurant und hübsches Openairlokal. ❍

Viele Diskotheken in den Fünf-Sterne-Hotels sind nur Hotelgästen zugänglich. Die **Cellar Disco** im Oberoi Hotel steht ab 22 Uhr jedermann offen. Ähnlich beliebt ist **1990s** im Taj Mahal Hotel. Zu den ersten Pubs der Stadt gehört **Tavern** im Fariyas Hotel (Arthur Bunder Rd., Colaba). Bekannt ist **The Pub** (J. Tata Rd., Churchgate 20) mit heißen Rhythmen.

Cotton World, Ram-Nimi Bldg., Mandlik Rd., Colaba. Westliche Bekleidung. **Oberoi Shopping Arcade.** Hochpreisige Textilien, Seide, Schals, Schmuck und Teppiche. **Fashion Street,** M. G. Road, Fort. Am großen Bazar: T-Shirts, Shorts, Hosen u. v. m. zu Schleuderpreisen. Preiswerte Lederwaren und Baumwolltextilien gibt es auch am Colaba Causeway.

***Ellora ⑫ und ***Ajanta ⑬

Nur eine halbe Flugstunde von Bombay liegt **Aurangabad** (650 000 Einw.), der Ausgangspunkt zum Besuch der prachtvollen Höhlentempel, beide UNESCO-Weltkulturerbe. In Aurangabad selbst lohnt der Besuch des Mausoleums *Bibi-ka Maqbara, einer kleinen Nachbildung des Taj Mahal.

**Höhlentempel von Ellora ⑫

Landschaftlich reizvoll ist die Fahrt vorbei an Tafelbergen nach Ellora (29 km). 34 Kulthöhlen für Buddhisten, Hindus und Jains wurden zwischen dem 4. und 13. Jh. aus dem vulkanischen Felsen gehauen. Sie zählen wie Ajanta zu den bedeutendsten historischen Kleinoden Indiens. Man beginnt die Besichtigung am Südende bei den buddhistischen Höhlen (4. bis 7. Jh.). Höhle Nr. 5 ist mit 35 m Tiefe die größte Versammlungshalle der Mönche *(vihara)*. Höhle Nr. 10, eine Gebetshalle *(chaitya)*, von außen leicht am hufeisenförmigen Fenster erkennbar, zählt zu den besten Beispielen buddhistischer Architektur: eine monolithische Säulenhalle, an deren Ende eine überdimensional große Buddhafigur sitzt. Etwa in der Mitte des Höhlenkomplexes (Nr. 16) überwältigt der hinduistische, aus dem gewachsenen Fels gehauene ***Kailash-Tempel** (8. Jh.). Schätzungsweise 200 000 Tonnen Stein wurden hier abgetragen, um eines der schönsten Shiva-Heiligtümer zu gestalten. Die Hochreliefs im äußeren Umgang zeigen Szenen aus der Hindu-Mythologie. Treppen führen zum eigentlichen Heiligtum, dem Lingam. Großartig sind die lebensgroßen Götterfiguren und fliegende himmli-

Einheimische Touristen bewundern die Höhlentempel von Ellora

Seite 73

Die einzigartigen buddhistischen Kulthöhlen von Ajanta zeigen gut erhaltene Felsmalereien

sche Wesen an Wänden und Decke in der Vorhalle zum Sanktuarium. Von den Jaintempeln ist ***Indra Sabha** (Nr. 32) mit teilweise erhaltener Deckenmalerei am eindrucksvollsten.

Tipp Wegen des Sonnenlichteinfalls empfiehlt sich eine Höhlentempelbesichtigung am Nachmittag.

***Höhlentempel von Ajanta ⑬

Der Tagesausflug nach Ajanta (100 km von Aurangabad) zählt zu den Höhepunkten einer Indien-Reise. 29 buddhistische Kulthöhlen aus der Zeit zwischen dem 2. Jh. v. Chr. und dem 7. Jh. n. Chr. sind einzigartige Meisterwerke der buddhistischen Ära in Indien. Weltberühmt sind die Felsmalereien mit Szenen aus dem Leben Buddhas und der Bodhisattvas sowie dem höfischen Alltag.

Jahrhundertelang lagen die Höhlen vom Erdreich verschüttet. Erst im 19. Jahrhundert entdeckte ein Brite den Schatz. Die wohl schönsten Buddhastatuen sehen Sie in den Höhlen Nr. 1 und 2, den beiden Gebetshallen am Beginn der halbmondförmigen Anlage, sowie in Nr. 26. Wie durch ein Wunder haben die Mineral- und Pflanzenfarben der Wandmalereien (besonders in Nr. 1, 2, 16, 17 und 19) über die Jahrhunderte an Leuchtkraft kaum verloren. Seit der Freilegung mussten sie allerdings mehrfach restauriert werden. (Öffnungszeiten: tgl. 9 bis 17.30 Uhr.)

Der Kailash-Tempel – aus dem gewachsenen Stein gehauen

Seite 73

Tipp Um eine Besichtigung während der Mittagshitze zu vermeiden, sollten Sie früh in Aurangabad aufbrechen (Fahrzeit 2 Std.).

Vorwahl: 0240

Tourist Office, Station Rd., Aurangabad, Tel. 31217; Infoschalter am Flughafen.

Flugverbindungen: Bombay (Mumbai), Udaipur, Jaipur, Delhi.
Busverbindung: Busse der Maharashtra Tourism Dev. Corp. (Tel. 0240/20713) nach Bombay.

Alle Hotels finden Sie unter **www.aurangabad-hotels.com**

The Taj Residency, 8/N/CIDCO, Aurangabad, Tel. 2381106, Fax 2381053. Neu, bestes Hotel der Stadt mit riesigem Garten. OO
▮ **Ambassador Ajanta,** Chilkathana, Aurangabad, Tel. 485211, Fax 484367. Gutes Preis-Leistungs-Verhältnis. OO
▮ **Rama International,** Chilkathana, Aurangabad, Tel. 485441, Fax 484768. Gutes Haus, hübscher Garten; Pool. OO

Am empfehlenswertesten sind die Restaurants in den Hotels. Ein einfacher, guter Vegetarier ist **Bhog,** Fr. Ambedkar Drive. (O)

Strandparadies Goa ⓮

Bis 1961 war Goa portugiesische Kolonie, danach indisches Territorium, seit 1987 selbstständiger Unionsstaat mit der Hauptstadt Panaji (100 000 Einw.).

***Velha Goa,** Alt-Goa, liegt 9 km von Panaji entfernt im Landesinneren. In der 1605 gebauten Basilika Bom Jesus fand der hl. Franz Xaver seine letzte Ruhestätte. Die sterbliche Hülle des Jesuiten und Schutzpatrons von Goa ruht in einem Silbersarg in der Seitenkapelle. Die größte Kirche, Sé Cathedral, ist der hl. Katharina geweiht. Ganz in der Nähe steht die weiß getünchte Kirche des hl. Franz von Assisi, in der sich heute ein Archäologisches Museum befindet.

Strände

Vierzig Strände und Buchten, die meisten davon sauber (wenn auch zum Baden wegen starker Brandung und Unterwasserströmungen nicht immer ungefährlich), ziehen sich von Nord nach Süd. Die am besten erschlossenen Strände nördlich von Panaji liegen zwischen Fort Aguada und Chapora Fort, von **Sinquerim Beach** über **Candolim, Calangute, Baga, Anjuna** bis **Vagator Beach.** Zum Baden weniger geeignet sind alle Strände in der Nähe des Hafens von Panaji und Dona Paula. Im Landkreis Salcette, südlich von Panaji, sind die breitesten weißen Sandstrände zu finden, vor allem **Varca Beach, Benaulim** und **Colva Beach.** Letzterer ist Goas größter Strand mit den meisten Hotels.

Tipp **Sport / Unterhaltung:** Das Angebot großer Hotels reicht von Wasserski über Surfen und Waterscooters bis zu Paragliding. Verschiedene Während der Saison Kreuzfahrten (z. B. **Pleasure Cruise** auf dem Mandovi River oder **Night Magic** mit goanischem Abendessen).

Vorwahl: 0832

Government of Goa Tourist Information, Tourist Home, Patto, Panaji, Tel. 225583.

Flughafen: Dabolim Airport, 30 km außerhalb von Panaji. Transfer per

Seite 73

Taxi. Tgl. Flüge nach Bombay, Delhi, Bangalore, Cochin.

The Aguada Hermitage, Sinquerim Beach, Tel. 5645858, Fax 5645868, www.tajhotels.com. Die Topadresse Goas: Luxusvillen über dem Meer. ○○○

- **Fort Aguada Beach Resort,** Sinquerim Beach, Tel. 5645858, Fax 5645868, www.tajhotels.com. Luxus am palmengesäumten belebten Strand. ○○○
- **Ramada Caravela Beach Resort,** Varca Beach, Tel. 2745200, Fax 2745225, www.ramadainternational.com. Strandhotel, schöner Garten. ○○○
- **Four Seasons Hotel** (früher Leela Beach), Colva Beach, Tel. 746363, Fax 746352. Kleine Villen rund um eine Lagune. ○○○
- **Taj Holiday Village,** Sinquerim Beach, Tel. 276210, Fax 276045, www.tajhotels.com. Hübsche Bungalowanlage. ○○
- **Club Mahindra,** Varca Beach, Tel. 744555, Fax 744666, www.goa2u.com/clubmahindra.htm. Resorhotel in typisch goanischer Architektur. ○○

Ruhe und Erholung

Kilometerlange Sandstrände, unter Palmen versteckte Dörfer, grüne Reisfelder – eine Bilderbuchlandschaft! Wenn abends der rote Sonnenball ins Meer eintaucht, Himmel und Wasser in Flammen setzt, geht nicht nur ein heißer Sonnentag zu Ende, bald danach kehrt auch Ruhe ein – wer Animation und Trubel sucht, ist fehl am Platz. (Beste Reisezeit: Okt.–März.)

Strandspaziergang in Goa

Goas Küche ist lecker, aber scharf: Ob gelbe Fischcurrys oder *Pomfret Recheado* (mild zubereiteter Weißfisch), *Chicken Xacuti* oder *Pork Vindaloo.* Meist wird mit Kokosmilch oder -fett gekocht. Dazu ein kühles Bier oder goanischen Wein, zur Verdauung einen *Feni* (Cashew- oder Kokosschnaps). Die Strandrestaurants sind gut und preiswert. Die meisten größeren Hotels bieten abends zum Barbecue unter freiem Himmel Livebands und manchmal portugiesische Volksmusik. Auf portugiesische und goanische Klänge und Gaumenreize spezialisiert ist die **Casa Portuguesa,** ein altgoanisches Haus in Baga. In **The Banyan Tree** (Taj Holiday Village) werden Thaigerichte von Serenadenklängen begleitet. Zahllose einfache Strandrestaurants sorgen auch in Hotelnähe für ungezwungene Gaumenfreuden.

Rund um die größeren Hotels schlagen Händler während der Hauptsaison ihre Zelte auf und verkaufen von Teppichen bis Seidentücher alles, was der indische Markt zu bieten hat.

Seite 84

Madras und der Süden

**Die Ursprünglichkeit der hinduistischen Kultur, die Freundlichkeit der Menschen, der Zauber der Tropen ist überall im Süden spürbar.
Das Leben in den Tempeln pulsiert, Gläubigkeit und Tradition beherrschen den Alltag. Riesige Tortürme von Heiligtümern ragen aus Palmenhainen auf, sind mit Hunderten von Götterfiguren übersät.**

Jeder Landstrich zwischen Koromandel- und Malabarküste weist Besonderheiten auf, jeder Tempel hat seinen unverwechselbaren Charakter. Wie ein Kaleidoskop präsentiert sich Südindien: von der anmutigen Lagunenlandschaft der Backwaters in Kerala über das Reich der Elefanten im Dschungel von Karnataka zur fruchtbaren Reiskammer Indiens in Tamil Nadu. Natur und Kultur pur, das verspricht der Süden Indiens, wobei in der Heimat des klassischen Tanzes der Besuch einer Aufführung nicht fehlen darf.

Madras ⓯

Kaum ein Wolkenkratzer markiert die Skyline der größten Stadt (6 Mio. Einw.) des Südens, die heute **Chennai** heißt. In der weitläufigen Hauptstadt von Tamil Nadu beherrschen nicht nur Politik und Business den Alltag, sondern auch Tradition und eine jahrtausendealte Kultur. Wollen Sie die Seele der relativ jungen Stadt erfassen, besuchen Sie die Kalakshetra-Schule, das Zentrum von Musik und Tanz. Unbedingt empfehlenswert sind Ausflüge in die Tempelstädte Mahabalipuram und Kanchipuram. Insgesamt sollten Sie drei bis vier Tage für Ihren Besuch einplanen.

Gläubige bringen Opfer dar

Im ersten nachchristlichen Jahrhundert soll der Apostel Thomas hier gewirkt und 72 n. Chr. den Märtyrertod gestorben sein. In Mylapore gründeten die Portugiesen die erste Missionsstation (1504) und Handelsniederlassung. 1595 rissen die Holländer den Gewürzhandel an sich. 1639 erwarben die Engländer das Land um das Fischerdorf Madraspatnam und die Handelsrechte für die neu gegründete East India Company, bauten das Fort St. George und nannten ihre Stadt Georgetown. Im 18. Jh. übernahmen die Franzosen für kurze Zeit die Macht. Im 19. Jh. richteten die Engländer große Baumwollspinnereien ein, der industrielle Aufschwung begann.

Die Zeit des kolonialen Machtgerangels um Madras wird in dem Roman **Talwar** von Robert Carter (List Verlag, 1993) eindrucksvoll geschildert.

Seite 84

Tipp Schließen Sie sich wegen der Entfernungen zwischen den Sehenswürdigkeiten einer Stadtrundfahrt an oder nehmen Sie ein Taxi.

Fort St. George

Das küstennahe Fort St. George, die Befestigungsanlage der Briten (1644), erhielt erst nach der französischen Eroberung im 18. Jh. die heutige Form. St. Mary Church (1680) ist die älteste anglikanische Kirche auf indischem Boden. Hier wurde Robert Clive, Beamter der East India Company und später Gouverneur von Bengalen, getraut. Das Fort Museum direkt daneben widmet sich der britischen Epoche (Öffnungszeiten: tgl. 9–17 Uhr, Fr geschl.).

High Court

Nördlich des Forts steht im ehemaligen Georgetown der Oberste Gerichtshof (1892), im indischen Kolonialstil mit vielen Kuppeln erbaut. Von der roten Fassade heben sich die weißen Fensterbögen kontrastreich ab. Der 50 m hohe Leuchtturm ist nicht mehr in Betrieb. In der Nähe liegen Hafen, Hauptbahnhof und das quirlige Bazarviertel.

Strandspaziergang

Längs der Koromandelküste, entlang dem breiten Strand, verläuft die 12 km lange **Marina** vom Fort St. George bis nach Mylapore. Gegen Abend und am Wochenende strömen die lufthungrigen und Erholung suchenden Städter zum Strand. Hier kann man alles tun außer baden, es gibt Vergnügungsparks, Spielplätze, Essensstände und ein sehr raues Meer.

Der High Court von Madras

Sehenswerte Museen

Einen Besuch wert ist das ***State Government Museum** und die anschließende **National Art Gallery.** Die archäologische Abteilung des Staatsmuseums zeigt chronologisch geordnet die Entwicklung der sakralen Kunst im Süden Indiens. Besonders eindrucksvoll sind die Fragmente des großen Stupa von Amaravati. Die National Art Gallery beherbergt eine wertvolle Bronzesammlung der Chola-Periode mit Prunkstücken von Shiva Nataraja (Shiva als kosmischer Tänzer). (Tgl. 8–17 Uhr, Fr geschl., außer es ist ein öffentlicher Feiertag.)

St. Thomas Cathedral

Rund um die St. Thomas Cathedral in Mylapore, dem Zentrum der Katholiken, gibt es Franziskanerklöster und katholische Ordensschulen. In der Krypta ist das Grab des Apostels Thomas zu sehen, eine freundliche Nonne zeigt Ihnen gerne die Reliquien in dem kleinem Museum hinter der Kirche.

Kapaleshwar-Tempel

Südindische Religiosität kann man im nahen Kapaleshwar-Tempel erspüren. Die Wurzeln des Shiva-Heiligtums reichen in mythologische Vorzeit zurück, die heutige Gestalt mit dem bunten Gopuram (Torturm) erhielt er vor rund 300 Jahren. Maiyilapuram (»Stadt des

Seite 84

Pfaus«), der alte Name für Mylapore, geht auf eine Legende zurück, die im Tempel dargestellt ist: Parvati verwandelte sich einst in einen Pfau, Symbol der Liebe und Leidenschaft, um die Aufmerksamkeit des meditierenden Shiva zu erheischen.

Religion und Tanz

Im südlichen Stadtteil Adyar widmet sich die **Theosophische Gesellschaft** der Ganzheitslehre von Religion, Philosophie und Naturwissenschaft. Bemerkenswert sind die umfangreiche Bibliothek und der riesige Banyan-Baum im Garten. (Öffnungszeiten: Mo–Sa 8–11, 14–17 Uhr, Sa 8–11 Uhr.)

Unweit davon wird in der ***Kalakshetra-Schule** klassischer Tanz und Musik gelehrt. Wenn Sie Glück haben, dürfen Sie die verschiedenen Klassen (am besten vormittags) besuchen – haben Sie aber bitte Verständnis dafür, dass Störungen auf ein Minimum begrenzt werden müssen. Höchst eindruckvoll ist die Atmosphäre, die Disziplin der Studenten, die Schlichtheit der Unterrichtsmittel und -methoden.

Tipp Die **Music Academy** präsentiert unregelmäßig klassische Musik und Bharata-Natyam-Tanz (T. K. Road, Tel. 044/8275619).

Vorwahl: 044

i **Indiatourism,** 154 Mount Road, Tel. 28524295.

Flughäfen: International und **National Airport** 15 km außerhalb. Busse (Aviation Express Airport Coaches) und Taxis bringen Sie in 30 Min. in die Stadt. Tgl. Verbindungen in alle Großstädte und nach Colombo (Sri Lanka).
Bahnverbindungen: Überregionale Expresszüge ab **Madras Central,** Züge nach Madurai, Tanjore etc. ab Egmore Station.
Busverbindungen: Vom **Thiruvalluvar Bus Stand** (Esplanade Rd., Tel. 044/564108) fahren die Busse nach Kerala, Karnataka und Andhra Pradesh.

Taj Coromandel, 37, M. G. Rd., Tel. 28272827, Fax 28257104, www.tajhotels.com. 5-Sterne-Luxus in einem Haus der Leading Hotels of the World. ❍❍❍
▮ **Taj Connemara Hotel,** Binny Rd., Tel. 28520123, Fax 28523361, www.tajhotels.com. Hübsch, zentral, mit schönem Garten. ❍❍❍
▮ **Park Sheraton Towers,** 132, T. T. K. Rd., Tel. 24994101, Fax 24997101, www.starwood.com/sheraton. Exklusive Zimmer und Preise im angebauten Tower. 4 km vom Zentrum. ❍❍❍
▮ **Ambassador Pallava,** 53 Montieth Rd., Egmore, Tel. 28554476, Fax 28554492. Hotel in zentraler Lage mit zweckmäßigen, aber hübschen Zimmern. ❍❍

Banana Leaf, 39 Mahatma Gandhi Rd. Gut Südindische Küche. ❍❍
▮ **Dakshin Restaurant,** Park Sheraton. Serviert werden original südindische Spezialitäten. ❍❍
▮ **Rain Tree,** Taj Connemara. Schöner Garten, delikate indische Küche mit Musik aus Karnataka. Spezialität des Hauses: Pepper Chicken und Chettinad-Küche. ❍❍
▮ **Annalakshmi Restaurant,** 804 Mount Road (Anna Salai). Preiswerte vegetarische Küche. ❍

Die berühmten karierten Baumwollkreppstoffe gibt es preisgünstig im **Khadi Gramodyog Bhavan** (844 Anna Salai). Qualitativ hochwertige Seide, Kaschmirschals, Teppiche und Textilien bietet das **Cottage**

Kailashnatha-Tempel, Kanchipuram

Arjunas Buße, Mahabalipuram

Seite 84

Industries Emporium (gegenüber Taj Coromandel Hotel). **Higginbothams** (814 Anna Salai) ist die älteste Buchhandlung der Stadt.

Ausflüge von Madras

*Kanchipuram ⑯ (70 km)

Die ehemalige Hauptstadt des Pallava-Reiches, die »Stadt der tausend Tempel«, ist eine der sieben heiligen Städte Indiens. An die 100 Tempel ließen die Pallava zwischen dem 6. und 8. Jh. bauen. Einige sind erhalten und zählen zu den besten Beispielen frühhinduistischer Architektur. Auf die höfische Tradition geht die Seidenverarbeitung zurück – Kanchi-Seide ist ein Qualitätsbegriff.

***Kailashnatha** (7./8. Jh.) gehört als einer der ältesten frei stehenden Tempel zu den großen Kunstschätzen des Landes. Das Shiva-Heiligtum ist von einer Mauer umgeben, auf der Nandibullen wie aufgefädelt ruhen. Über dem Sanktuarium erhebt sich der Tempelturm (Vimana), der Lingamschrein ist von 54 Nischen umgeben. Besonders beeindruckend sind die zahlreichen fein gemeißelten Götterfiguren an der Fassade.

Vishnu geweiht ist **Vaikunthata Perumal** (7. Jh.). Der Sandstein ist leicht verwittert, dennoch ist der reiche Skulpturenschmuck gut erkennbar. Der größte Tempel ist **Varadaraja Perumal.** Er wurde im 12. Jh. gegründet und im 16. Jh. erweitert. Die 30 bis 40 m hohen Gopurams überragen den eigentlichen Tempelturm um Vieles (dies ist typisch für die Architektur des Südens ab dem 10./11. Jh.). Das Vishnu-Heiligtum darf nicht betreten werden, sehenswert ist aber die »100-Säulen-Halle« im ersten Tempelhof.

Wahrzeichen der Stadt ist der mit 54 m höchste Gopuram des **Ekambareshwara.** Im Inneren des Shiva-Tempels aus dem 16. Jh. steht ein uralter Mangobaum, dem man segnende Kräfte zuschreibt.

***Mahabalipuram ⑰ (65 km)

Die alte Hafenstadt der Pallava heißt heute **Mamallapuram.** Von hier breitete sich die indische Kultur nach Südostasien (Java, Kambodscha) aus. Neben den Höhlentempeln sehen Sie hier die ältesten, frei stehenden, aus dem Fels gehauen Steintempel – als Gesamtheit UNESCO-Weltkulturerbe.

Die ***Fünf Rathas** (»Himmlische Wagen«) aus dem 7. Jh. sind einmalig in ganz Indien. Nach dem Vorbild von Holztempeln wurden die Granitfelsen bearbeitet und nach den Pandava-Brüdern aus dem Mahabharata benannt. Dazwischen steht ein lebensgroßer Elefant.

Eine weitere Hauptsehenswürdigkeit ist das größte Flachrelief der Erde

Seite 84

(27,4 m mal 9,1 m): ***Arjunas Buße** (7. Jh.) erzählt von der Buße Arjunas, einem der fünf Pandavas, der die Aufmerksamkeit Shivas sucht (nachmittags im Schatten!). Der Mittelspalt im Fels soll den Ganges symbolisieren, daher wird das Relief auch oft als »Herabkunft des Ganges« bezeichnet.

Malerisch liegt der fünfstöckige, 20 m hohe ***Küstentempel,** Gott Shiva geweiht (8. Jh.).

Temple Bay, Tel. 04114/243636, Fax 243838. Hübsches neues Strandhotel mit Blick auf den Küstentempel. ○○

Fisherman's Cove, Covelong Beach, Tel. 04114/272301, Fax 272303, www.tajhotels.com. Bestes Strandhotel an der Ostküste. ○○○

Madurai – »Stadt der fischäugigen Göttin« ⑱

Die drittgrößte Stadt (1,2 Mio. Einw.) von Tamil Nadu gleicht eher einem aus allen Nähten platzenden Dorf. Ein Labyrinth enger Gassen und Basare umgibt das Hauptheiligtum, den Sri-Minakshi-Tempel, den »Tempel der fischäugigen Göttin« – Indien pur: Händler, Pilger, exotische Gerüche und immer wieder Gopurams, die Tortürme des Tempels. Einen Tag sollte man hier auf jeden Fall einplanen.

Historische Aufzeichnungen belegen die Regentschaft der Pandya-Dynastie ab dem 6. Jh., die im 10. Jh. von den Cholas abgelöst wird. Im 12. Jh. wird das Reich von den Pandyas zurückerobert. Madurai, kultureller Mittelpunkt Südindiens, Sitz der tamilischen Sprachakademie, mit Handelsbeziehungen bis nach Griechenland und Rom, war den Muslimen ein Dorn im Auge. 1334 erobert Malik Kafur das Königreich, zerstört Stadt und Tempel. 1378 beginnt der Wiederaufbau durch die Vijayanagar-Könige aus Hampi. Nach deren Fall 1565 übernehmen die Provinzverwalter der Nayaks die Macht und behalten sie bis zur Ankunft der Engländer im 18. Jh.

Die Hauptattraktion der Stadt ist zweifellos ****Sri Minakshi,** der »Tempel der fischäugigen Göttin«. In nur hundert Jahren, von 1550 bis 1650, wuchs der Tempel zu seiner heutigen Größe. Die reich verzierten und bunt bemalten Gopurams (Eingangstürme) überragen die beiden vergoldeten Tempeltürme über den Altären der Hauptgötter. Die Sanktuarien von Shiva Surandeshwara und Minakshi sind nur Hindus zugänglich. Im Halbdunkel des Tempels sind die 1000-Säulen-Halle mit 985 meisterhaft gemeißelten Steinsäulen (z. T. Museum), der Schrein der Neun Planeten und die riesigen Götterfiguren vor dem Shiva-Schrein von Interesse. (Öffnungszeiten: tgl. 5–12, 16–22 Uhr.)

Tipp Jeden Abend werden im »Tempel der fischäugigen Göttin« die Idole von Shiva und Minakshi gebadet, eingeölt und parfümiert. Von Priestern und Trommlern begleitet, wird Shiva dann zur Nachtruhe ins Heiligtum der Minakshi getragen, eine religiöse Zeremonie (zw. 21 und 22 Uhr), an der Sie teil haben können.

Vorwahl: 0452

Tourist Office, Hotel Tamil Nadu Complex, West Veli St., Tel. 0452/2334757; Information Centre, Railway Junction, Tel. 2742888.

Flughafen: 15 km außerhalb. Flüge über Trichy nach Chennai (Madras).
Bahnverbindungen: Vagai und Pandyan Express nach Madras.

Tanzender Shiva im Minakshi-Tempel

Busbahnhof: Der wichtigste der fünf Fernbusbahnhöfe ist der TTC Bus Stand, West Veli St., Tel. 0452/25354.

Die schöne Minakshi

Minakshi wurde einst einem Pandya-König von den Göttern zur Tochter gegeben. Der Legende nach wurde sie mit einer dritten Brust geboren, die verschwinden sollte, sobald sie ihren zukünftigen Gatten treffen würde. Als der Herrscher starb, bestieg Minakshi den Thron. Fürsten der Nachbarländer hielten um die Hand an, doch vergeblich. Eines Tages tauchte der schöne Jüngling Sundara auf, der kein anderer war als Shiva selbst. Die überzählige Brust verschwand, die Hochzeit wurde abgehalten und Minakshi als eine Inkarnation von Parvati erkannt. Zum Andenken an diese Ehe findet jährlich im April/Mai ein großes Fest statt.

Seite 84

Taj Garden Retreat, Pasumalai Hill, Tel. 771601, Fax 771636, www.tajhotels.com. Heritage Grand Hotel, 5 km außerhalb; die besten Zimmer sind die im neuen Trakt nahe dem Pool. ❍❍❍

Sangam Hotel, Alagar Koil Rd., Tel. 2537531, Fax 2537530. Mittelklassehotel, frisch renoviert. ❍❍

Bekannt ist Madurais südindisch-vegetarische Küche. Rund um die **Town Hall Road** findet man die besten Vegetarier.

Ausflug nach Periyar ⓳

140 km westlich von Madurai liegt im Cardamom-Gebirge – den südlichen Ausläufern der Westghats – das Wildtierreservat von Periyar. Rund um den aufgestauten Periyar-Fluss finden sich Elefanten, Antilopen, Gaurs (Wildrinder), Wildhunde, Nilgiri-Languren, Riesenhörnchen, Sambhar- und Axishirsche zur Tränke ein. Hier leben auch Tiger und Leoparden.

Tipp Die Dämmerung ist die beste Zeit, um Tiere zu sehen. Daher ist der 2-stündige Bootsausflug am Nachmittag zu empfehlen (mit einer Übernachtung).

Spice Village, Kumily Rd., Thekkady, Tel. 04869/222314, Fax 222317. Hübsches, besonders umweltfreundliches Bungalowhotel im »Gewürzgarten«. ❍❍

Taj Garden Retreat, Ambalambika Rd., Thekkady, Tel.04896/222401, Fax 222106, www.tajhotels.com. Neues Taj-Hotel im Cottage-Stil. ❍❍

Aranya Nivas, Tel. 04869/222023, www.ktdc.com. Staatliches, wenig gepflegtes Hotel bei der Anlegestelle am See. Die Dependance **Lake Palace** liegt abseits des Rummels idyllisch im See. Beide einfach. ❍

Seite 84

Tiruchirapalli ⑳ und **Srirangam ㉑

Die Festungsstadt **Tiruchirapalli ⑳** (1 Mio. Einw.) am Südufer des heiligen Flusses Cauvery wird kurz Trichy genannt. Um die Felsenfestung Rock Fort gruppiert sich die Altstadt. Will man den Berg besteigen (430 Steinstufen), so muss man dies barfuß tun. Auf halbem Weg liegt ein nur Hindus zugänglicher Shiva-Tempel. Der Tempel ganz oben ist Ganesh geweiht, das Allerheiligste darf auch von Hindus nicht betreten werden. Von hier lohnt der Blick bis zur Tempelstadt Srirangam. Trichy und Srirangam kann man an einem Tag besichtigen

Tipp Auf dem Weg nach Srirangam (5 km) sollte man am Cauvery halten. Hier nehmen Gläubige an Badeghats das rituelle Bad, Pilger lassen sich das Haar scheren, Priester vollziehen geheimnisvolle Riten.

****Srirangam ㉑**, der größte Vishnu-Tempel Indiens, ist eigentlich eine Stadt. Sieben Umfassungsmauern umgeben Wohnviertel, Basare und Tempel. 21 Gopurams, die früher auch als Speicher dienten, ragen in den Himmel; der höchste der Tortürme ist 73 m hoch und wurde erst 1987 fertig gestellt. Die Heiligkeit der Bauwerke nimmt von Hof zu Hof zu. Das Allerheiligste schließlich, wo Vishnu als Sri Raganatha auf der Weltenschlange verehrt wird, bleibt Touristen verschlossen. Der Legende nach soll Gott Rama selbst auf dem Weg nach Lanka (eine Episode aus dem Ramayana) hier gebetet haben. Am Krishna-Tempel aus dem 12. Jh. sind besonders feine Steinskulpturen zu bewundern. Von hier führt eine Treppe zur Aussichtsterrasse, der einzige Punkt, der einen Überblick über die riesige Anlage ermöglicht.

Einmalig ist der Pferdehof, eigentlich eine überdachte Pfeilerhalle, mit

Dorfgötter auf weißen Pferden

An der Peripherie der Dörfer, mitten in den Feldern, tauchen plötzlich riesige Tonfiguren auf. Es sind »Aiyanars«, die Dörfgötter der Tamilen. Farbenfroh bemalt, mit Furcht erregenden Gesichtern, schützen sie Mensch und Tier vor Krankheit und Seuchen, die Felder vor Missernte. Nachts reiten sie auf weißen Pferden über Felder und durch Dörfer, bekämpfen Dämonen mit ihren magischen Kräften und Waffen, so der verbreitete Volksglaube in Tamil Nadu. Hoch zu Ross sitzen sie in den Dorfheiligtümern, flankiert von zahlreichen Begleitern und Anbetenden. Ganze Reihen von Tonpferden markieren die magischen Kultplätze – Votivgaben der Gläubigen. Unter hinduistischem Einfluss wurden die altdrawidischen Dorfgötter als Söhne von Shiva und Mohini, der weiblichen Gestalt Vishnus, in den Götterhimmel aufgenommen. Die Legende erzählt, dass einst Vishnu auf der Suche nach dem Unsterblichkeitstrank Amrita Götter und Dämonen täuschte, indem er die Gestalt der himmlischen Nymphe Mohini annahm. Den von »ihr« entzückten Dämonen konnte er den Nektar entreißen. Shiva verliebte sich, umarmte Mohini, und Aiyanar entspross der mythischen Verbindung.

Im Pferdehof von Srirangam

Seite 84

phantasievoll geschnitzten Säulen. Sich aufbäumende Pferde, die optisch über Menschen in den Hof zu springen drohen, sind typisch für die Vijayanagar-Zeit (17. Jh.). (Tgl. 6.15–13, 15.15 bis 18.45 Uhr.)

Tourist Office, 1, Williams Rd., Cantonment, Tel. 0431/24601136

Flughafen: 7 km vom Zentrum entfernt; Flüge nach Chennai (Madras) und Madurai.

Sangam, Collectors Office Rd., Tel. 0431/2414700, Fax 2415779. Renoviertes Stadthotel mit guter Küche. ○○

Thanjavur (Tanjore) ㉒

Inmitten der fruchtbaren Reislandschaft, 55 km östlich von Trichy, liegt die alte Hauptstadt der zwischen 10. und 14. Jh. mächtigsten Dynastie des Südens. Die Chola-Könige gingen als größte Bauherren in die Geschichte

Brihadishvara-Tempel, Thanjavur

ein. Nach jedem Sieg ließen sie einen Tempel bauen und brachten es auf diese Weise auf die stolze Zahl von 93 Großtempeln, die bis zum Delta an der Koromandelküste anzutreffen sind. Die finanziellen Mittel stammten aus dem florierenden Überseehandel und dem reichen Hinterland. In Thanjavur sollte man eine Nacht verbringen.

Eine riesige Mauer umschließt den ***Brihadishvara-Tempel** aus dem 10./11. Jh., UNESCO-Weltkulturerbe. Hier ist es nicht ein Gopuram der alles überragt, sondern der gewaltige, 66 m hohe Tempelturm, gekrönt von einem 80 t schwerem Granitblock, der über eine 6 km lange Rampe hinaufgeschoben und gezogen wurde. Vor dem Shiva-Heiligtum ruht eine Nandistatue aus schwarzem Granit. Von großer Kunstfertigkeit zeugen die Steinskulpturen an der Fassade des Haupttempels, interessant sind auch die Reste der Malerei. Im Inneren wird ein riesiger Lingam verehrt, zahlreiche Lingams sind in den Nischen des Korridors aufgestellt. (Tgl. 9–13, 15 bis 18 Uhr.)

In Thanjavur selbst (übrigens ist die Stadt nach dem Dämon benannt, den Vishnu hier vernichtet haben soll) lohnt der Besuch des **Nayak-Palastes.** Im Museum sehen Sie nicht nur hervorragende Steinskulpturen, sondern auch exquisite Chola-Bronzen. Die Sammlung ist fast so kostbar wie die

Seite 84

der National Art Gallery in Madras (s. S. 77). Interessant ist auch die leider nicht sehr gut betreute **Saraswati-Mahal-Bibliothek** mit 40 000 religionsphilosophischen Büchern und Palmblattmanuskripten.

Tourist Information Centre, Hotel Tamil Nadu, Gandhi Rd., Tel. 04362/2300984.

Bahnverbindungen: Trichy, Madurai, Madras (Egmore Station).

Hotel Parisutham, 55, G. A. Canal Rd., Tel. 04362/231601, Fax 2303108. Gutes Mittelklassehotel mit Pool und Garten; von hier aus können Sie zu Fuß in die Stadt gehen. ❍❍

Hotel Sangam, Trichy Rd., Tel. 04362/239451, Fax 236695, www.hotelsangam.com. Neueres Mittelklassehotel mit Pool. ❍❍

Bangalore 23

Mitten auf dem Dekkanplateau liegt Indiens »westlichste« Stadt. Die Engländer haben der heutigen Hauptstadt (6 Mio. Einw.) von Karnataka, seit kurzem in **Bangaluru** umgetauft, ihren Stempel aufgedrückt. Riesige Parks mit blühenden Bäumen, schattige Alleen, gepflegte Kolonialgebäude und Wohnhäuser – die recht saubere Stadt hat Lebensqualität. Auch das angenehme Klima auf knapp 1000 m trägt zum Wohlbefinden bei. Kein Wunder, dass Bangalore als Wohnort sehr begehrt ist und wohlhabende Unternehmer aus Bombay oder Calcutta hier einen Zweitwohnsitz haben oder gar ihre Geschäfte aus den überquellenden Metropolen hierher verlegt haben. Auch ausländische Konzerne haben Bangalore längst entdeckt und mit dazu beigetragen, dass die Stadt heute in moderner Technologie und

Forschung an erster Stelle steht. Luft- und Raumfahrt, Nuklearindustrie, Telekommunikation, Elektronik und – allen voran – die Computerindustrie scharen sich in Satellitenstädten rund um das koloniale Bangalore. Im indischen Silicon Valley wird hochwertige Software für die ganze Welt entwickelt. Nach der wirtschaftlichen Öffnung des Landes ist Bangalore wichtigster Investitionsstandort internationaler Firmen.

Ein Tag reicht, es sei denn, man will golfen oder ist geschäftlich unterwegs.

Vidhana Soudha, Regierungssitz des Staates und Wahrzeichen der Stadt, wurde 1956 gebaut. Ein Koloss aus Granit mit dem Staatsemblem, dem Löwenkapitell, auf der wuchtigen Kuppel. Hier vermengen sich alle möglichen Stilemente. Gegenüber der große Cubbon-Park mit der Staatsbibliothek und dem Obersten Gerichtshof im Kolonialstil.

Der **Botanische Garten** *(Lal Bagh)*, die grüne Lunge der Stadt, breitet sich über mehrere Hektar aus. Bereits im 18. Jh. von Tipu Sultan, dem Tiger von Mysore, angelegt, später von den Briten um seltene Pflanzen bereichert, bietet der Garten eine vielfältige Flora.

Prickelnde Erfrischung

Wenn auch die Stadt nur wenig touristische Attraktionen zu bieten hat, ihre Brauereien sind in jedem Fall einen Besuch wert! Auf ein frisch gezapftes Bier kann man in einen der vielen Pubs, die an der M. G. Road, der Church St. oder Residency Rd. zu finden sind, einkehren. Die meisten öffnen erst am späten Nachmittag.

Im **Government Museum** sind mittelalterliche Skulpturen, Schmuck, Münzen und Funde neolithischer Ausgrabungen zu sehen. (Öffnungszeiten: tgl. außer Mo 10–17 Uhr.)

Seite 84

Die Hauptstraße, **M. G. Road,** lädt zum Bummel ein. Seide und Sarigeschäfte (Vijayalakhsmi, Deepam, Karishma oder Nallis), Herrenbekleidung (Raymonds), Cotton World und zwei Handicraft Centres bieten Qualitätsware zu niedrigeren Preisen als in Bombay oder Delhi an.

In **Whitefield,** 16 km außerhalb, steht das berühmte Ashram des wundertätigen Guru Sri Sai Baba. Hier hält sich der weltweit bekannte Guru vor allem während des Sommers auf.

Tourist Office,
K. F. C. Building, 48, Church Rd., Tel. 080/5585417.

Flughafen: 6 km außerhalb. Tgl. Verbindungen in alle Großstädte.
Bahnverbindungen: tgl. Expresszüge und Shatabdi Express nach Madras.
Busverbindungen: nach Mysore 140 km, nach Hassan 200 km.

Taj West End, Race Course Rd., Tel. 080/2255055, Fax 2200010, www.tajhotels.com. Das Spitzenhotel hat einen schönem Garten und ein sehr gutes Thai-Gartenrestaurant. Verdient die Mitgliedschaft bei den »Leading Hotels of the World« wie kaum ein anderes in Indien. ○○○

Taj Residency, 41/3, M. G. Road, Tel. 080/56604444, Fax 56614444, www.tajhotels.com. Luxushotel in zentraler Lage. ○○○

The Oberoi, 37–39, M. G. Road, Tel. 080/5585858, Fax 5585960, www.oberoihotels.com. Gehört zu

Seite 84

den »Leading Hotel of the World«; zentral, aber etwas laut. ○○○

Windsor Manor Sheraton, 25, Sankey Rd., Tel. 080/22269898, Fax 22264941, www.starwood.com/sheraton. Stilvoller Luxus, 3 km außerhalb. ○○○

Gateway Hotel, 66, Residency Rd., Tel. 080/56604545, Fax 56614552, www.tajhotels.com. Preiswerteres Haus der Taj-Gruppe in zentraler Lage, 8 km vom Flughafen. ○○

Treffpunkte der Jugend mit lauter Musik – und frisch gezapftem Bier (in Indien eine Rarität): **Black Cadillac,** Mohan Towers, 50, Residency Rd.

The Pub World, 65, Residency Rd.

The Underground, 65, M. G. Rd. Drei Stationen: Oxford Circus, Power Station und die familienfreundliche Kensington Station.

NASA, 1/4 Church St. Ein Space Shuttle mit Laser Shows.

Mysore ㉔

In der Millionenstadt mit stattlichen Palästen sind uralte Traditionen lebendig. Der ursprüngliche Name **Maisur** ist heute wieder aktuell und geht auf ein mythologisches Ereignis zurück. Hier soll die Göttin Durga den Dämon Maheshasura, von dem sich der Name Maisur ableitet, getötet haben. Sie ist die Schutzgöttin der Stadt und der einst mächtigen Maharajas. Prächtig wird ihr zu Ehren das Dussehra-Fest gefeiert. Doch auch außerhalb der Festtage hat die Stadt ihren besonderen Charme. Zwei Übernachtungen sind das Minumum, um die Stadt und die unmittelbare Umgebung zu erkunden.

Das heutige Stadtbild von Mysore (Maisur) geht weitgehend auf Krishnaraja Wodeyar IV. zurück. Er baute Anfang des 20. Jhs. den Palast Amba Vilas, gründete die Universität, errichtete Krankenhäuser, das erste Wasserkraftwerk und den Staudamm mit einem noch heute funktionierenden Bewässerungssystem.

Der Stammbaum der Wodeyars, des Herrscherhauses von Maisur, soll auf den Mondgott Chandra zurückgehen. Zwei ihrer Vorfahren waren Kriegerfürsten des 14. Jhs., die aus der Wüstenheimat um Jaisalmer nach Süden gewandert waren, um heilige Hindustätten aufzusuchen. In Maisur kamen sie dem einheimischen Herrscher zur Hilfe und besiegten dessen Rivalen. Der dankbare Fürst gab

Durga und die Maharajas

Während des jährlichen Durga- oder Dussehra-Festes (Oktober/November) erstrahlt Mysore im märchenhaften Glanz, der Maharajapalast wird von Tausenden Lichtern illuminiert.
Während vor dem Palast Militärkapellen altmodische Klänge intonieren, unterzieht sich der Maharaja strengen Riten. Neun Tage lang geht die Göttin Durga (hier Chamundi genannt) in ihn ein, macht ihn unantastbar und göttlich. Am zehnten Tag wird gefeiert. Prunkvoll geschmückte Elefanten mit goldenen Schabracken, Staatskarossen und Truppen in historischen Uniformen führen die Prozession an.
An der Spitze des Festzugs die goldene Sänfte, Symbol für den Maharaja, der früher – als er noch in Amt und Würde war – darin saß und sich den Untertanen zeigte.

Seite 84

einem der beiden Rajputen seine Tochter zur Frau und setzte ihn als Erben ein. Die Wodeyars regierten mehr oder weniger friedlich bis zum Jahr 1762, als Haidar Ali, der ambitionierte Feldherr ihrer Armee, die Macht ergriff. Er verbündete sich mit den Franzosen gegen den wachsenden Einfluss der Briten. Das grausame Regime Haidar Alis und des Sohnes Tipu Sultan, des »Tigers von Maisur«, dauerte bis 1799.

Arthur Wellesley, der spätere Herzog von Wellington, befreite Maisur und setzte den fünfjährigen Kronprinzen Mummadi Krishnaraja Wodeyar auf den Thron. Tributzahlungen und der Einfluss der Briten waren gesichert.

Sehenswürdigkeiten

Eine Feuerbrunst zerstörte 1897 den alten Maharajapalast aus Holz. Krishnaraja engagierte den britischen Architekten Henry Irwin, 1912 war ***Amba Vilas,** der riesige Palast mit der goldenen Kuppel, fertig gestellt – eine seltene Mischung von hinduistischen, muslimischen und europäischen Stilelementen. Die Prunkräume wurden als Museum der Öffentlichkeit zugänglich gemacht; sie dürfen nur ohne Schuhe betreten werden (Fotografierverbot). Der juwelen- und perlenverzierte goldene Thron des Maharajas wird aus Sicherheitsgründen nur zum Dussehra-Fest aus der Schatzkammer geholt. In der Bildergalerie im Erdgeschoss illustrieren Ölgemälde die Zeit Krishnarajas und das Dussehra-Fest. Türen aus Silber und Elfenbein, farbige Glasmosaiken, üppige Prunksäle, goldene Sänften und viele andere Kostbarkeiten sind hier zu sehen. Interessant auch das dahinter liegende Privatmuseum des Maharajas. (Öffnungszeiten: Tgl. 10.30 bis 17.30 Uhr.)

Amba Vilas, der Palast von Mysore

Tipp So 19–20 Uhr erstrahlen am Palast die Lichterketten.

Vom **Chamundi Hill,** dem Aussichtsberg mit dem Tempel der Schutzgöttin Chamundi (lokaler Name von Durga), hat man einen guten Blick auf die Stadt. Am westlichen Abhang ist der berühmte, aus einem Felsblock gehauene Bulle Nandi zu sehen.

i **Tourist Office,** Irwin Rd., Tel. 0821/22096.

Bahnverbindung: Tgl. 5 Expresszüge nach Bangalore.
Busverbindungen: Regelmäßig nach Bangalore (140 km), Hassan (Ausgangspunkt für Belur und Halebid), knapp 100 km, Ooty in den Nilgiri-Bergen (130 km).

Lalitha Mahal Palace, Tel. 0821/571265, Fax 571770, www.mysore-hotels.com. Palasthotel in schöner Lage außerhalb der Stadt. Unterschiedlich gute Zimmer – manche entsprechen nicht dem Preisniveau (vorher anschauen!). Teure Bar. OOO

Hotel Metropole, 5, Jhansi Lakshmibai Rd., Tel. 0821/420681. Zentrales Mittelklassehotel mit kolonialem Flair.

Seite 84

Das Regency Restaurant ist zu empfehlen. ❍❍

▮ **Quality Inn Southern Star,** 13/14, Vinobha Rd., Tel. 0821/426426, www.mysore-hotels.com. Modernes Stadthotel in Bahnhofsnähe. ❍❍

Neben den Restaurants der oben genannten Hotels ist das Restaurant des einfachen Hotels **Dasaprakash** (Gandhi Square) eine gute Adresse für südindisch-vegetarische Küche. ❍

Aus den Dschungeln der Umgebung stammt das Sandelholz, das in Mysore serienmäßig zu Göttern verarbeitet wird. Die lokalen, traumhaften Seiden und wohlriechenden Räucherstäbchen sind ebenfalls schöne Mitbringsel (**Cauvery Arts & Crafts Emporium,** Sayaji Road).

Ausflüge von Mysore

**Somnathpur ㉕ (40 km)

Östlich von Mysore liegt ein Meisterwerk der Hoysala-Bauhütte des 12. Jahrhunderts: der **Keshava-Tempel.** Über dem sternförmigen Grundriss erheben sich drei mit Götterfiguren übersäte Tempeltürme. In den drei Altarnischen werden verschiedene Verkörperungen Vishnus verehrt. Besonders schön sind die gedrechselten Steinsäulen im Tempelinneren und die reich ornamentierte Decke. (Öffnungszeiten: tgl. 9–17.30 Uhr.)

Srirangapatnam ㉖ (16 km)

Die **Zitadelle** aus der Zeit von Haidar Ali und Tipu Sultan (18. Jh.) liegt auf einer Halbinsel des Cauvery. Innerhalb der Mauern liegt eine Moschee und ein über achthundert Jahre alter Vishnu-Tempel. Unweit davon befindet

Mit Götterfiguren übersät: der Keshava-Tempel in Somnathpur

sich der Sommerpalast von Tipu Sultan, ***Daria Daulat,** mit ausdrucksstarken Wandmalereien, Schlachten des Sultans gegen die Engländer (insgesamt gab es vier Kriege, den letzten gewannen die Engländer 1799, Tipu Sultan, der »Tiger von Maisur«, wurde in der Festung von Srirangapatnam getötet). (Öffnungszeiten: tgl. 9 bis 17 Uhr, Fr geschl.)

3 km östlich liegt ***Gombaz,** das Mausoleum von Tipu Sultan und seiner Eltern. Es zählt zu den schönsten Grabbauten Südindiens. Am weißen Kuppelbau fallen besonders die Tore mit kostbaren Einlegearbeiten aus Elfenbein auf.

Bandipur ㉗ und Nagarhole ㉘ (80 km)

Naturliebhaber können einen Ausflug in die Tierreservate von Bandipur oder Nagarhole machen. Die Chance, Elefanten in freier Wildbahn zu erleben, ist sehr groß. Am besten, man bleibt eine Nacht.

Kabini River Lodge, Karapur, Tel./Fax 08228/32181, www.junglelodges.com/kabini.htm. Das Hotel, hübsch am See gelegen, bietet Jeep- und Elefantensafaris an; letztere sind allerdings enttäuschend. ❍❍–❍

Seite 84

Sravanabelgola auf dem Indragiri-Hügel: Die größte Monolithstatue der Welt zeigt den Jain-Heiligen Gomateshvara

Königstempel in **Belur ㉙ und **Halebid ㉚

Um die zauberhaft schönen Tempel in Belur und Halebid zu besuchen, muss man zunächst nach Hassan (200 km von Bangalore, knapp 100 km von Mysore) fahren. Auf beiden Strecken kommt man an einem Bergheiligtum der Jain (s. S. 25) vorbei: ***Sravanabelgola.** Auf dem 161 m hohen Indragiri-Hügel steht die größte Monolithstatue der Welt. Nach knapp halbstündigem Aufstieg (barfuß oder mit Socken über Steintreppen, die sich gegen Mittag hin spürbar aufheizen!) erreicht man das Ziel unzähliger Wallfahrer.

Den offenen Tempelhof überragt die Kolossalstatue des »luftbekleideten« Jainheiligen Gomateshvara. Alle zwölf Jahre wird die Statue anlässlich des Mahastakabhisheka-Festes mit Wasser, Milch, Farbpulver, Blumen sowie Silber- und Goldmünzen überschüttet (das letzte fand im Jahr 1993 statt).

Der Chenna-Keshava-Tempel in Belur

Von Hassan (Übernachtungsmöglichkeit) sind es weitere 38 km nach Belur und 27 km nach Halebid. Der Besuch der Königstempel der Hoysala-Dynastie lässt sich in einem halben Tag leicht bewältigen.

**Belur ㉙

Vom 11.–13. Jh. war Belur neben Halebid die zweite Hauptstadt der Hoysala-Könige. Der ****Chenna Keshava,** Vishnu geweiht, präsentiert eindrucksvoll die Hochblüte der Hoysala-Architektur. 1126 ließ König Vishnuvardhana den Tempel nach seinem Sieg über die Cholas errichten. Eine fast barocke Fülle von Reliefs und Skulpturen, Göttern und Fabelwesen bevölkert die Fassaden. 42 Madnikas (weibliche Gestalten) in anmutiger Pose sind unter dem Dachansatz erkennbar. Im Inneren tragen reich verzierte Säulen – keine gleicht der anderen – eine fein bearbeitete Decke. Die Fertigstellung des Tempels dauerte 103 Jahre.

**Halebid ㉚

Der im 12./13. Jh. gebaute und Shiva geweihte Doppeltempel ****Hoysaleshvara** steht auf einer erhöhten sternförmigen Plattform. Die unvorstellbar prächtigen Verzierungen machen ihn zum schönsten Sakralbau der Hoysalas. Hier erzielte die Bildhauerkunst einen kaum zu übertref-

Seite 84

Der Hoysaleshvara-Tempel in Halebid – kaum ein Zentimeter Stein blieb unbearbeitet

fenden Höhepunkt, kaum ein Zentimeter Stein blieb unbearbeitet. Im unteren Teil sind sechs Reliefbänder mit Elefanten und Löwendarstellungen sowie Szenen aus den Epen Mahabharata und Ramayana erkennbar, darüber an die 280 Götterfiguren aus Stein. In den beiden Pavillons gegenüber dem Heiligtum ruhen Nandi-Bullen. Im Freilichtmuseum kann man die steinernen Götteridole aus der Nähe betrachten. (Tgl. 10–17 Uhr.)

Taj Garden Retreat, Chikmagalur, Tel. 08172/8262–220202, Fax 8262–220404, www.tajhotels.com. Gepflegtes Resorthotel 20 km nordwestlich von Belur. ○○

Hassan Ashok, Bangalore-Mangalore Rd., Hassan, Tel. 08172/68731-6, Fax 67154, www.theashokgroup.com. Staatliches Touristenhotel an der lauten Hauptstraße. ○○

Cochin ㉛ und die Backwaters

Lieblich ist die Hafenstadt an der Malabarküste, einladend die tropische Landschaft rund um **Kochi** (800 000 Einw.), wie Cochin heute heißt. Kerala und die Gewürze, aber auch Elfenbein und Edelhölzer haben schon im Altertum Phönizier, Griechen, Römer, Araber und Chinesen angezogen. 1498 entdeckt Vasco da Gama den Seeweg nach Indien und eröffnet den Reigen europäischen Machtgerangels um das Monopol des weißen Golds, des Pfeffers. Holländer und Engländer folgten seinen Spuren und verdrängten schließlich die Portugiesen. Mehrere hundert Kilometer lange Kanäle und Lagunen durchziehen das tropische Hinterland von Kochi, Land der Kokospalmen und des Kathakali, des für Kerala typischen Tanzdramas (s. S. 93). Chinesische Fischernetze säumen die romantischen Wasserwege, unvergesslich die Silhouette der pittoresken Fangnetze entlang der Hafeneinfahrt im Abendlicht. In der Schwesterstadt Ernakulam pulsiert das moderne Geschäftsleben, herrscht zu Stoßzeiten das Verkehrschaos. Sie hat nichts gemein mit der ruhigen und idyllischen Altstadt auf der Insel Mattanchery, wo die Zeit ein wenig stehen geblieben scheint. Zwei Nächte sollten Sie in Cochin bleiben, wenn Sie die Altstadt erkunden und eine Bootsfahrt in die Backwaters unternehmen möchten.

Seite 84

Chinesische Fliesen in der Synagoge

Sehenswürdigkeiten

Der ***Mattanchery-Palast** war ein Geschenk der Portugiesen zur Besänftigung des Königs, nachdem sie 1567 irrtümlich einen Hindutempel zerstört hatten. 1663 gestalten die Holländer den Palast neu, seither heißt er im Volksmund Dutch Palace. Im Museum sind einige Kronschätze ausgestellt; bemerkenswert sind die Holzdecke im Krönungssaal und v. a. die Wandmalereien in den ehmaligen Schlafgemächern mit Szenen aus dem Ramayana. (Sa–Do 10–17 Uhr.)

Von hier geht man in die Altstadt, durch schmale Gassen vorbei an Gewürzläden, der Pfefferbörse und mit Kunst und Kitsch bestückten Antiquitätengeschäften.

Am Ende der Ladenstraße kommt man zur ***Synagoge** von 1568; ihre heutige Gestalt bekam sie im 18. Jh. Während der spanischen Inquisition fanden viele Juden hier eine Zufluchtsstätte, aber auch Juden aus Syrien und Persien ließen sich hier nieder. Der Boden der Synagoge ist mit 1100 Fliesen aus Kanton ausgelegt. Seit der Gründung des Staates Israel ist die jüdische Gemeinde von Cochin empfindlich geschrumpft, so dass der Gottesdienst am Sabbat, an dem mindestens 10 Gläubige teilnehmen sollen, gefährdet ist. (So–Fr 10–12, 15–17 Uhr.)

Fischerboote in Cochin

Ebenso auf der Insel Mattanchery, im alten Fortviertel, steht die **St. Francis Church.** Die erste christliche Kirche wurde 1510 von portugiesischen Franziskanermönchen zunächst aus Holz gebaut. Vasco da Gama, der in Cochin verstarb, wurde hier 1524 beigesetzt. 14 Jahre später wurden seine Gebeine nach Portugal überführt. Im Jahr 1663 fiel die Kirche in die Hände holländischer Protestanten, 1795 schließlich wurde das Gotteshaus von den Briten in eine anglikanische Kirche umgewandelt.

Tipp Kein Besuch von Cochin ohne eine **Kathakali-Aufführung** (siehe S. 93)! Täglich werden Abendvorstellungen in Mattanchery nahe der Anlegestelle der Fähre angeboten. Ausgezeichnet sind die Darbietungen von »Art Kerala« (XXXIX/1439, Kannanthodath Lane, Valanjambalam, Ernakulam, Tel. 366238). Am Beginn (gegen 18 Uhr) steht eine Schminkdemonstration, danach eine Einführung in die Bedeutung der Gesten und Mimik und schließlich die Aufführung einer Szene aus dem Mahabharata oder Ramayana (18–20 Uhr).

Ausflüge

In Triphunithura, 10 km südöstlich von Ernakulam, ist das **Hill Palace Museum** einen Besuch wert. V. a. die alte Residenz der Rajas, jenseits des großen, verfallenden Palastes, ist wegen ihrer typischen Kerala-Archi-

Seite 84

tektur sehenswert. Obwohl man die Tempel Keralas nicht betreten darf, sollte man in Tripunithura einen Blick auf den Haupttempel der Stadt werfen: Purnathrayeesa ist ein klassisches Beispiel eines Kerala-Tempels.

Eine ***Backwater Tour** führt von Allepey (Allapuzha) nach Quilon (Kollam). 60 km südlich von Kochi liegt am Westufer des Vembanad-Sees die alte Hafenstadt **Allepey.** Von hier aus fährt man durch enge Kanäle, vorbei an Inseln mit entlegenen Fischerdörfern, grünen Reisfeldern und endlosen Kokospalmhainen. Die Tour mit dem Motorboot dauert mindestens acht Stunden. Von Quilon sind es nur mehr 70 km nach Trivandrum.

Kathakali-Tänzer

In Allepey kann man auch die beliebten »Reisboote« mieten. Mit diesen Hausbooten können Sie sich auf Wunsch überall hinfahren lassen, mitten im See vor Anker gehen oder an einer einsamen Stelle den Sonnenuntergang erwarten. Ein Koch, ein Steuermann und ein Gehilfe stehen in der Regel für 2 Personen zur Verfügung (ein Doppelbett pro Boot). Das Vergnügen ist allerdings nicht billig (ca. 150 US $/pro Nacht mit voller Verpflegung).

Ein weiterer Ausflug führt von Kochi über Allepey nach **Kumarakom.** Die

Kathakali – Tanzdrama aus Kerala

Grell geschminkte und phantasiereich gekleidete Akteure ziehen jeden Abend ihr Publikum in den Bann. Wie Masken wirken die Gesichter, aus denen die rot unterlaufenen Augen hervorstechen. Grün ist die Gesichtsfarbe von Götter- und Heldenfiguren, rote Muster auf grünem oder schwarzem Grund die der menschlich-leidenschaftlichen Gestalten, schwarz und grimmig sehen die Dämonen aus. Weiße Bärte aus Reispaste unterstreichen die Würde guter Charaktere, rote Bärte tragen finstre Gestalten. Begnadete Pantomimen schweben in weiten Reifröcken über die Bühne, drücken den dramatischen Ablauf des Spiels mittels Mimik, Gestik und Körperbewegung aus. Kathakali wird nur von Männern aufgeführt. Die durchschnittliche Ausbildung dauert acht Jahre, erst dann vermag der Tänzer seinen Körper vollendet zu beherrschen, wortlos Szenen aus den Epen Mahabharata, Ramayana oder Götterlegenden ausdrücken. Augen, Augenbrauen und -lider, Nasenflügel, Lippen, Backen und Mund werden unverkennbar eingesetzt, spiegeln eindeutig Emotionen, wie Hass, Liebe, Eifersucht oder Angst wider. Allein sechsunddreißig Abwandlungen des Blicks sind bekannt, untermalt von sieben Variationen, die Augenbrauen zu bewegen. Mit Gesten werden Tiere, Blumen, das Meer oder auch die Sonne angedeutet. Die Handbewegungen werden von 108 Körperhaltungen ergänzt. Die Körpersprache mit über vierhundert verschiedenen Ausdrucksmöglichkeiten sowie der pointierte Einsatz ohrenbetäubender Trommelklänge lassen den Zuschauer – nach vorheriger Einführung – nicht im Zweifel darüber, was auf der Bühne passiert.

Seite 84

Chinesische Fischernetze in den Backwaters von Cochin

60 km bis Allepey legt man auf der Landstraße zurück, besteigt dort ein Boot und fährt durch Lagunen und über den Vembanad-See zum Ostufer.

Entspannung pur

Niemand sollte sich eine Fahrt durch die ***Backwaters,** die Wasserstraßen zwischen den zu Cochin gehörenden Inseln, entgehen lassen; die beste Zeit ist der späte Nachmittag. Das schräge Licht dringt durch die Palmen und beleuchtet die aus dem Grün auftauchenden Kirchenfassaden. Zum Sonnenuntergang sollte man an der Hafeneinfahrt sein, wenn der rote Ball hinter den chinesischen Fischernetzen im Meer versinkt. Tuckernde Fischerboote kehren zurück oder stechen zum Nachtfang ins Arabische Meer, Ozeanriesen laufen in den Hafen ein, dazwischen schaukeln die winzig kleinen Einbäume und Segelboote.

Tipp In Kumarakom kann man gut übernachten: Entweder in der hübschen **Coconut Lagoon** (P B 2, Tel. 0481/25244491, Fax 25244495; ❍❍) oder im **Taj Garden Retreat** (1/104, Tel. 0481/2525711, Fax 2524371; ❍❍). (Beide: www.kerala-hotels.com unter Kottayam.) Dem Coconut Lagoon ist ein ayurvedisches Zentrum angeschlossen, das Heilmassagen mit Spezialölen und Yogaunterricht anbietet.

Vorwahl: 0484

Tourist Office, Willingdon Island, Tel. 668352. Informationsschalter am Flughafen.

Flugverbindungen: Der Flughafen liegt 40 km nördlich von Cochin/Ernakulam. Täglich Flüge nach Chennai (Madras), Mumbai (Bombay) und Goa. Mehrmals wöchentlich nach Bangaluru (Bangalore).
Bahnhof: in Ernakulam.
Fährverbindungen: regelmäßig von Willingdon Island und Mattanchery zum Festland (Ernakulam) und zwischen den Inseln.

Taj Malabar, Willingdon Island, Tel. 666811, Fax 668297, www.tajhotels.com. Traditionshotel in schöner Lage am Hafen. ❍❍❍
Casino Hotel, Willingdon Island, Tel. 668221, Fax 668001. Gutes Hotel mit bestem Fisch- und Seafood-Restaurant der Stadt. ❍❍
Taj Residency, Marine Drive, Ernakulam, Tel. 371471, Fax 371481, www.tajhotels.com. Modernes Stadthotel; zentral und dennoch am Meer gelegen. ❍❍
Hotel Abad Plaza, M. G. Road, Ernakulam, Tel. 381122, Fax 370729, www.kerala.com/abadgroup. Mittelklassehotel an der Hauptstraße. ❍

Seite 95

Kalkutta und der Osten

Übervölkert und verschmutzt, von Stromausfällen und Streiks geplagt – Kolkata, wie die Metropole jetzt offiziell heißt, ist für Europäer schwer verdaulich und doch die intellektuellste Stadt des Landes, die z. B. anspruchsvolle Filme produziert und keine Seifenopern, wie »Bollywood« in Bombay.Die Stadt ist Ausgangspunkt für einen Besuch der Tempelstädte von Orissa. In subtropischer Landschaft erwarten Sie Höhepunkte nordindischer Sakralarchitektur, vor allem in Bhubaneswar und Konarak.

Kalkutta ㉜

In der 12-Millionen-Metropole, Hauptstadt von Westbengalen, ist das Elend der Massen augenfälliger als anderswo, auf den Bürgersteigen haben Straßensiedler ihr Dauerquartier. In der intellektuell lebendigsten Stadt treffen Armut und Reichtum knallhart aufeinander. Die weltgrößten Jutefabriken, Indiens Teebörse, Papier- und Automanufakturen und die chemische Industrie machen Kalkutta zur Wirtschaftsmetropole.

1690 landet ein Agent der Ostindischen Handelskompanie im Mündungsgebiet des Ganges und erwirbt das Besitzrecht über die Dörfer Sutanati, Govindapore und Kalikata. Um 1700 wird Fort William gebaut, Mitte des 18. Jhs. Kalkutta Hauptstadt von Britisch-Indien (bis 1911). Mit der Teilung Indiens 1947 und der Abtrennung von Ost-Bengalen als Ost-Pakistan setzt die erste große Flüchtlingswelle ein, die sich 1971 nach dem indo-pakistanischen Krieg wiederholt.

Im Stadtzentrum liegt der **Maidan,** der große Zentralpark. Rundum scharen sich die Kolonialbauten, am auffälligsten ist das **Victoria Memorial,** ein Gedächtnisbau zu Ehren der englischen Königin und Kaiserin von Indien aus weißem Marmor. Östlich des Maidan verläuft die Hauptstraße Chowringhee Road (Jawaharlal Nehru Road). Hier liegt das ****India Museum.** Die größte archäologische Sammlung Indiens vermittelt einen ausgezeichneten Überblick über die Entwicklung buddhistischer und hinduistischer Kunst. (Öffnungszeiten: tgl. 10 bis 16.30 Uhr, Mo geschl.)

In der südlichen Stadt liegt der **Kali-Tempel,** der Schutzgöttin von Kalkutta geweiht. Unmittelbar daneben das Haus der Sterbenden der »Missionaries of Charity«, des Ordens von Mutter Teresa. Der »Engel der Armen« fand nach ihrem Tod im September 1997 im etwas entfernten Stammhaus des Ordens ihre letzte Ruhestätte.

i **Tourist Office,** Brabourne Rd., Tel. 033/22565.

Flughafen: 20 km außerhalb; in die Stadt fahren IA-Busse und Taxis (»prepaid«, die Preise sind im Ankunftsbereich ausgehängt). Täglich Flüge in alle Großstädte, mehrmals wöchent-

Seite 95

lich nach Bhubaneswar, Nepal, Bhutan und Bangla Desh.

Bahnverbindungen: Vom Hauptbahnhof **Howrah Station** Züge in alle Landesteile.

Stadtverkehr: Taxis sind relativ preiswert; Straßenbahn und Indiens einzige Metro sind zur Rushhour überfüllt.

Oberoi Grand, 15, J. Nehru Rd., Tel. 033/2492323, Fax 2453229, www.oberoihotels.com. Kolonialzeitliches First-Class-Hotel nahe dem Museum. ○○○

▮ **Taj Bengal.,** 34 B, Belvedere Rd., Tel. 033/22233939, Fax 22231766, www.tajhotels.com. Luxushotel mt angemessenem Komfort. ○○○

▮ **The Park,** 17 Park St., Tel. 2493121, Fax 033/2497343, www.thepark hotels.com. Gehobenes Mittelklassehotel in zentraler Lage. ○○○

▮ **The New Kenilworth,** 1&2 Russel St., Tel. 033/2828394, Fax 2825136. Zentral gelegenes Standardhotel mit englischem Pub. ○○

Literaturtipps

Wie unterschiedlich Europäer die bedrückende Stadt Kalkutta sehen, zeigen zwei Romane: **Zunge zeigen** spiegelt die absolute Hilflosigkeit von Günter Grass wider, der in Kalkutta nur einen einzigen Slum inmitten der Müllberge sieht (Luchterhand, Darmstadt 1988). **Stadt der Freude** heißt dagegen der Titel von D. Lapierre, der sich sehr realistisch mit dem Leid der Menschen auseinandersetzt, aber auch bemerkt, welch humanitärer und intellektueller Geist in der Stadt spürbar ist (Bertelsmann, München 1985).

**Bhubaneswar ㉝

Ein Hauch von Zeitlosigkeit schwebt über der Tempelstadt. Rund dreißig Tempel prägen das Bild der Hauptstadt von Orissa (700 000 Einw.), Tempelanlagen, die zu den wichtigsten Indiens zählen und leider oft im Standardtouristenprogramm fehlen. Im 5. Jh. stürzte die hinduistische Kesari-Dynastie die buddhistischen Yavanas. Unter den Kesaris und der nachfolgenden Ganga-Dynastie blühte die Kultur, es entstanden rund 7000 Tempel.

Hauptheiligtum ist der ***Lingaraja-Tempel** (11. Jh.), dessen mächtiger, 40 m hoher Turm die Stadt überragt. Unterhalb des bienenkorbförmigen Turms liegt die Cella, in der der Ur-Lingam, das Zeugungssymbol Shivas, verehrt wird. Der 3 m hohe Granitblock symbolisiert Shiva in Gestalt des Tribhuvaneswar, des »Herrn der drei Welten«. Eine dicke Mauer umgibt den Sakralbezirk, der Nichthindus verschlossen bleibt.

Zu den kleineren Tempel zählt ***Vaital Deul,** wegen der feinen Steinbearbeitung ist er aber besonders sehenswert. Im dunklen Sanktuarium wird eine tantrische Göttin verehrt.

Einer der schönsten Tempel des ganzen Landes ist ****Mukteshwara** – ein 1000 Jahre altes Bilderbuch aus Stein. Ein geschwungener Torbogen, mit anmutigen Figuren verziert, führt zum Heiligtum, einem Lingam-Schrein. »Traum in Sandstein« wird der Tempel auch genannt – beim Anblick wissen Sie, warum.

Der älteste erhaltene Tempel aus dem 7. Jh., ****Parasurameshwara,** ist ein klassisches Beispiel früher freistehender Tempelarchitektur. Ein gedrungener Tempelturm überragt den Lingam-Schrein. Die Basreliefs der Vorhalle zeigen mit Stupa-Darstellun-

Seite 95

Überwältigende Pracht: die Steinmetzarbeiten an den Tempeln von Bhubaneswar

gen und Chaitya-Fenster als Dekorationselementen deutlich eine Anlehnung an die buddhistische Kunst. Tänzer- und Musikantengruppen, Elefantenprozessionen, Götterdarstellungen und Szenen aus der hinduistischen Mythologie bilden den reichen Schmuck.

Tourist Information, B-21, B.J.B. Nagar, Tel. 0674/432203, 431299.

Flugverbindungen: Täglich nach Delhi; mehrmals pro Woche nach Kalkutta und Hyderabad.
Bahnverbindung: Bhubaneswar liegt an der Hauptstrecke Kalkutta–Madras.

The Oberoi, CB-1 Nayapalli, Tel. 0674/301010, Fax 301302, www.oberoihotels.com. Nicht zu großes, angenehmes Haus der renommierten Kette. ○○
Hotel Swosti, 103 Janpath, Tel. 0674/535778, Fax 534794. Zentral gelegenes Mittelklassehotel. ○

Konarak ㉞ und Puri ㉟

Auf der Fahrt von Bhubaneswar nach Konarak (70 km) verführen die herrliche Reislandschaft, bemalte Lehmhäuser und die bunten Applikationsarbeiten in Pipli immer wieder zu Stopps.

Konarak ㉞

Der ***Tempel des Sonnengottes** Surya in Konarak zählt zweifelsohne zu den eindrucksvollsten Tempelruinen des Subkontinents und ist UNESCO-Weltkulturerbe. Im 13. Jh., kurz vor dem Niedergang der Tempelarchitektur in Nordindien, entsteht ein gewaltiges Bauwerk in Form des mythischen Wagen des Sonnengottes mit 24 Rädern, gezogen von 7 Pferden.

An den Fassaden sind alle Aspekte des Lebens dargestellt. Riesig ist die Zahl der fein gearbeiteten Tänzerinnen und Musikanten, einmalig die Radskulpturen am Sockel, die Fülle plastischer Darstellungen, oftmals in Überlebensgröße. Tiere und Blumen, Jagd- und Kriegsszenen sowie Liebespaare, von Suryas Energie geleitet,

Seite 95

Heimattourismus: Erinnerungsfoto am Sonnentempel von Konarak

sollen wiedergeben, was unter dem Netz der Sonnenstrahlen das Leben ausmacht.

Die Hauptstatue steht heute im Museum in New Delhi, noch an Ort und Stelle bewundert werden können drei Surya-Statuen: die Morgen-, Mittags- und Nachmittagssonne.

Puri ㉟

Entlang der Küste führt die Straße nach **Puri** (140 000 Einw.; 40 km). Der Wallfahrtsort am Golf von Bengalen zieht jährlich Tausende von Pilgern an. Die weitläufige Tempelstadt lässt sich am besten mit einer Fahrradrikscha erkunden. Haupttheiligtum ist der Vishnu als Weltenherrscher gewidmete **Jaganath-Tempel** (Zutritt nur für Hindus). Der fast 60 m hohe Turm, von einer Diskusscheibe (Attribut Vishnus) bekrönt, ragt aus dem riesigen Tempelgelände hervor. Der bereits im 7. Jh. erwähnte Sakralbau erhielt seine heutige Gestalt im 12. Jh. Vor dem Haupteingang sitzt auf der Garuda-Säule Garuda, das Geleittier Vishnus; Gläubige suchen bei ihm Heilung.

Tipp Von einer **Aussichtsplattform** kann man in das Areal hineinsehen. Im Juni/Juli wird hier das **Rath-Yatra-Fest** (s. S. 31) gefeiert. In der Nähe locken auch schöne weiße **Sandstrände,** allerdings ist hier das Baden wegen der tückischen Strömungen und der Verschmutzung gefährlich.

10 km außerhalb von Puri liegt bei Chandapur das Künstlerdorf **Raghurajpur,** in dem vor allem die für Orissa typischen, bunten Leinenbilder angefertigt werden.

Tourist Office, Station Road, Tel. 06752/22664, 23536.

Mayfair Beach Hotel, Chakratirtha Rd., Konarak, 1,5 km vom Jaganath-Tempel. Tel. 06752/27800. Das beste der Strandhotels von Puri. ❍❍

Toshali Sands Resort, Konarak Marine Dr., Tel. 06752/23571, Fax 23899. Nette, ruhige Bungalowanlage, aber außerhalb von Puri gelegen. ❍

Infos von A–Z

Diplomatische Vertretungen

Indische Botschaften in Europa:

- Tiergartenstr. 17, 10785 Berlin, Tel. 0 30/25 79 50; Fax 25 51 02, www.indianembassy.de (Außenstelle in Bonn). Generalkonsulate gibt es in Frankfurt/M (www.cgifrankfurt.de), Hamburg und München.
- Kärntner Ring 2 A, 1015 Wien, Tel. 01/5 05 86 66, Fax 5 05 92 19, www.indianembassy.at.
- Kirchenfeldstr. 28, 3005 Bern, Tel. 0 31/3 51 11 10, Fax 3 51 15 57.

Europäische Botschaften in Indien:

- **Deutsche Botschaft,** 6, Shantipath, Chanakyapuri, New Delhi 21, Tel. 011/6871831–9, Fax 6873117.
- **Deutsches Konsulat,** Hoechst House, Nariman Point, Mumbai (Bombay), Tel. 022/232422.
- **Österreichische Botschaft,** EP-13, Chandra Gupta Marg, Chanakyapuri, New Delhi 21, Tel. 011/6889050, Fax 6886929.
- **Schweizer Botschaft,** Nyaya Marg, Chanakyapuri, New Delhi 21, Tel. 011/6878372, Fax 6873093.

Ein- und Ausreise

Deutsche, Österreicher und Schweizer benötigen ein Visum, das 6 Monate gültig ist und mehrmalige Einreisen ermöglicht. Für den Besuch von Sperr- und Schutzgebieten (Andamanen, Arunachal Pradesh, Lakkadiven und Sikkim) muss zusätzlich eine Sondergenehmigung beantragt werden.

Deklaration von Devisen: Bargeld ab 2500 US $, Reiseschecks ab 10 000 US$. Die Ein- und Ausfuhr indischer Rupien ist verboten. Zollfrei eingeführt werden dürfen persönliche Gegenstände, 200 Zigaretten oder 250 g Tabak und 1 l Alkohol.

Eintrittspreise

Neuerdings wird an manchen World Heritage Sites der UNESCO und archäologischen Stätten eine Eintrittsgebühr von 5–10 US$ verlangt.

Elektrizität

220 Volt, englische Dreipolstecker (Adapter mitnehmen).

Feiertage

Staatliche Feiertage sind: 26. 1. (Tag der Republik); 15. 8. (Unabhängigkeitstag); 2. 10. (Geburtstag Mahatma Gandhis), 25. 12. (Weihnachten). Daneben gibt es zahlreiche religiöse Festtage (s. S. 30 f.).

Flughafengebühren

Bei internationalem Abflug sind 700 Rs. (mitunter im Flugticket inbegriffen) zu bezahlen, bei Abflug in die Nachbarländer (Bhutan, Nepal, Pakistan, Bangla Desh, Sri Lanka, Malediven) 150 Rs.

Fotografieren

Negativfilme sind in Touristenzentren mitunter preiswerter als in Europa (achten Sie aber auf Lagerung und Ablaufdatum). Dia- und Videofilme sollten Sie besser von zu Hause mitbringen. Schwer erhältlich sind spezielle Knopfbatterien. Häufig verboten ist das Fotografieren in Museen sowie die Verwendung eines Stativs an archäologischen Stätten und in Museen. An den meisten Sehenswürdigkeiten werden Gebühren erhoben (für Videokameras erheblich teurer). In Tempeln ist die Ablichtung des Allerheiligsten meist nicht gestattet. Strenges Fotografierverbot besteht auf allen Flughäfen. Empfehlenswert ist die Verwendung eines UV-Filters, der gleichzeitig das Objektiv schützt. Im Inneren von Tempeln braucht man einen stark lichtempfindlichen Film.

Geld und Geldwechsel

Landeswährung ist die indische Rupie (Rupee; Abkürzung Rs.), die in 100 Paise unterteilt wird. Für 1 Euro erhalten Sie rund 50 Rs., für 1 CHF ca 36 Rs.

Tauschen Sie nur in Banken und Hotels (dort geringfügig schlechterer Kurs). Zählen Sie das Geld sofort nach und achten Sie darauf, dass die Scheine weder geklebt noch eingerissen sind. Reiseschecks erzielen einen besseren Wechselkurs. Gängige Kreditkarten sind Diners, Visa, Mastercard/Eurocard und American Express.

Hotelrechnungen und Flugscheine müssen in Devisen bezahlt werden. Rücktausch von Rupien nur vor internationalem Abflug und gegen Vorlage der Umtauschquittung.

Gesundheit

Vorgeschrieben ist lediglich eine Gelbfieberimpfung, wenn Sie sich vorher in einem Infektionsgebiet aufgehalten haben. Unbedingt empfehlenswert sind Malariaprophylaxe und Tetanusschutz, ratsam Hepatitis- und Typhusschutz. Achtung: Aids ist auch in Indien auf dem Vormarsch.

Trinken Sie Wasser nur, wenn es abgekocht ist (was das gefilterte Wasser in Thermoskannen auf Hotelzimmern nicht ist), essen Sie kein ungeschältes Obst und Gemüse und meiden Sie Speiseeis und Eiswürfel (»no ice please«). In die Reiseapotheke gehören v. a. Mittel gegen Durchfall, Erkältungen, Verstauchungen und Prellungen, eine Wund- und Heilsalbe, Wunddesinfektionsmittel und Verbandsmaterial. Sonnencremes mit hohem Lichtschutzfaktor sind nicht nur für Badeurlauber unerlässlich.

Englisch sprechende und qualifizierte Ärzte gibt es in allen Großstädten. Krankenhäuser sind zwar im Allgemeinen gut geführt, mit europäischem Standard aber nicht zu vergleichen. Fragen Sie bei ernsthafteren Erkrankungen bei Ihrer Botschaft nach deren Vertrauensarzt oder konsultieren Sie den Hotelarzt.

Unbedingt abschließen sollten Sie eine Reisekrankenversicherung, die einen medizinisch notwendigen Rücktransport einschließt.

Information

Auskünfte und Prospekte erhält vom indischen Fremdenverkehrsamt, umbenannt in **Indiatourism:**

- 60329 Frankfurt/M., Baselerstr. 48, Tel. 0 69/2 42 94 90, Fax 24 29 49 77.
- 1201 Genf, Rue de Chantepoulet, Tel. 0 22/7 32 18 13, Fax 7 31 56 60.
- im Internet: www.india-tourism.com (Bestellungen von Broschüren: info@india-tourism.com).
- Die Adressen der Informationsbüros in Indien finden Sie bei den einzelnen Städten; Öffnungszeiten in der Regel Mo–Fr 9–17.30, Sa 9–13 Uhr.

Kleidung

Im Norden brauchen Sie während der Wintermonate (Nov.–Febr.) warme Kleidung für die Abende, leichte Baumwollsachen für tagsüber. Während der wärmeren und heißen Periode sowie im subtropischen Süden (auch dort wird es in höheren Lagen nachts kühler) ist luftige Kleidung angenehm. Kurze Hosen, Leggings und weit ausgeschnittene Oberteile sind v. a. bei Tempel- und Moscheebesuchen unangebracht. Knappe Bikinis und Sonnenbaden »oben ohne« sind tabu.

Kriminalität

Taschendiebe arbeiten meist in organisierten Banden. Seien Sie bei großen Menschenansammlungen, also v. a. bei Festen, auf Bahnhöfen und bei viel besuchten Sehenswürdigkeiten besonders vorsichtig. Wenn Ihnen etwas gestohlen wird und Sie einen Nachweis für die Versicherung oder für die Ausstellung eines neuen Reisedokumentes brauchen, müssen Sie den Diebstahl sofort und direkt vor Ort bei der Polizei melden; später (im nächsten Ort) werden Sie erhebliche Schwierigkeiten bekommen.

Öffnungszeiten

Staatliche Geschäfte sind sonntags geschlossen. Ansonsten gibt es keine einheitliche Regelung. Banken arbeiten Mo–Fr 10–14, Sa 10–12 Uhr, Postämter Mo–Fr 10–17, Sa 10–12 Uhr.

Post, Telefon, Fax und Internet

Briefmarken bekommen Sie in Postämtern und großen Hotels. Telefonieren können Sie von den landesweit verbreiteten öffentlichen Fernsprecheinrichtungen (gelbe Aufschrift STD für national, ISD für international; preiswerter als in Hotels); dort gibt es manchmal die Möglichkeit, Faxe oder E-Mails zu versenden. Ihr Handy wählt sich im Netz des jeweiligen Roamingpartners automatisch ein.

Internationale Vorwahlen: Deutschland 00 49; Österreich 0043; Schweiz 00 41; Indien 00 91.

Sicherheitskontrollen

An allen Flughäfen, in manchen Museen und am Taj Mahal erfolgen Personen- und Handgepäckskontrollen. Besonders scharf sind die Flughafenkontrollen (Taschenmesser, Scheren, Nagelfeilen, Haarspray, Feuerzeuge und lose Batterien nicht ins Handgepäck!).

Souvenirs

Von Schnitzereien, Masken und Bronzen spannt sich der Bogen über Miniaturmalerei, Schmuck und Seide bis hin zu kostbaren Teppichen. Außer in staatlichen Kaufhäusern (Government Emporium) und Läden mit der Aufschrift »fixed prices« wird überall gehandelt.

Besonders in Delhi, Agra und Jaipur versuchen Schlepper (Guides, Taxi-, Rikschafahrer) sehr häufig, Sie in ein bestimmtes Geschäft zu locken – in dem sie dann Provisionen kassieren, die Sie über den Preis mitbezahlen.

Über 100 Jahre alte Antiquitäten dürfen nicht ausgeführt werden. Elfenbein, Tierhäute, Pfauenfedern – alle Produkte, die von geschützten Tieren stammen – dürfen im europäischen Heimatland gemäß dem Washingtoner Artenschutzabkommen nicht eingeführt werden – sonst drohen Beschlagnahmung und hohe Geldstrafen.

Tempel und Moscheen

Bevor man eine Gebetsstätte betritt, müssen die Schuhe ausgezogen werden (Socken sind meist gestattet). In manchen Tempeln (v. a. Kali- und Jaintempel) ist Leder verboten.

Trinkgeld

Geben Sie dem Träger pro Koffer 10 Rs., Zimmermädchen 10 Rs. pro Tag, einem guten offiziellen Fremdenführer und Fahrer (nicht dem Taxifahrer) 100–200 Rs. pro Tag, in Restaurants 10 % des Rechnungsbetrags.

Zeit

MEZ + 4,5 Stunden (während der europäischen Sommerzeit plus 3,5 Std.).

Zoll

Einfuhr siehe »Ein- und Ausreise«, S. 99.

Die wichtigsten Zollfreigrenzen bei der Wiedereinreise nach Deutschland, Österreich und in die Schweiz: 200 Zigaretten, 1 l hochprozentiger Alkohol oder 2 l Wein, Geschenke im Gesamtwert von 175 € bzw. 200 CHF.

Langenscheidt Mini-Dolmetscher Englisch

Allgemeines

Guten Morgen.	Good morning. [gud **moh**ning]
Guten Tag. (nachmittags)	Good afternoon. [gud after**nuhn**]
Hallo!	Hello! [häl**loh**]
Wie geht's?	How are you? [hau **ah**‿ju]
Danke, gut.	Fine, thank you. [**fain, θänk**‿ju]
Ich heiße ...	My name is ... [mai **nehm**‿is]
Auf Wiedersehen.	Goodbye. [gud**bai**]
Morgen	morning [**moh**ning]
Nachmittag	afternoon [after**nuhn**]
Abend	evening [**ihw**ning]
Nacht	night [nait]
morgen	tomorrow [tu**morr**oh]
heute	today [tu**deh**]
gestern	yesterday [**jes**terdeh]
Sprechen Sie Deutsch?	Do you speak German? [du‿ju spihk **dsehöh**mən]
Wie bitte?	Pardon? [**pah**dn]
Ich verstehe nicht.	I don't understand. [ai **dohnt** ander**ständ**]
Würden Sie das bitte wiederholen?	Would you repeat that please? [wud‿ju ri**piht** ðät, **plihs**]
Langsamer bitte!	Could you speak a bit more slowly, please? [kud‿ju spihk‿ə bit moh **slou**li **plihs**]
bitte	please [**plihs**]
danke	thank you [**θänk**‿ju]
Keine Ursache.	You're welcome. [joh **wäll**kamm]
was / wer / welcher	what / who / which [wott / huh / witsch]
wo / wohin	where [wäə]
wie / wie viel	how / how much [hau / hau **matsch**]
wann / wie lange	when / how long [wänn / hau **long**]
warum	why [wai]
Wie heißt das?	What is this called? [**wott**‿**is** ðis **kohld**]
Wo ist ...?	Where is ...? [**wäər**‿is ...]
Können Sie mir helfen?	Can you help me? [kän‿ju **hälp**‿mi]
ja	yes [jäss]
nein	no [noh]
Entschuldigen Sie.	Excuse me. [iks**kjuhs** mi]
rechts	on the right [on ðə reit]
links	on the left [on ðə left]

Sightseeing

Gibt es hier eine Touristeninformation?	Is there a tourist information? [is‿ðər‿ə **tuə**rist infəmehschn]
Haben Sie einen Stadtplan / ein Hotelverzeichnis?	Do you have a city map / a hotel guide? [du‿ju häw‿ə **ßi**ti mäpp / hoh**täll** gaid]
Welche Sehenswürdigkeiten gibt es hier?	What are the local sights? [**wott**‿ə ðə **loh**kl **ßaits**]
Wann ist ... geöffnet?	When are the opening hours of ...? [**wänn**‿ah ði **ohp**ning auers əw ...]
das Museum	the museum [ðə mju**sih**əm]
die Kirche	the church [ðə **tschöh**tsch]
die Ausstellung	the exhibition [ði egsi**bischn**]
Wegen Restaurierung geschlossen.	Closed for restoration. [k**lohsd** fə rästə**rehschn**]

Shopping

Wo gibt es ...?	Where can I find ...? [**wäə** kən‿ai **faind** ...]
Wie viel kostet das?	How much is this? [**hau**‿matsch **is**‿ðis]
Das ist zu teuer.	This is too expensive. [ðis‿is **tuh** iks**pänn**ßiw]
Das gefällt mir (nicht).	I like it. / I don't like it. [ai **laik**‿it / ai **dohnt laik**‿it]
Gibt es das in einer anderen Farbe / Größe?	Do you have this in a different colour / size? [du‿ju **häw**‿ðis in‿ə **diffr**ənt **kall**er / **ßais**]
Ich nehme es.	I'll take it. [ail **tehk**‿it]
Wo ist eine Bank / ein Geldautomat?	Where is a bank / a cash dispenser? [**wäər**‿is ə‿**bänk** / ‿ə **käsch** dispännser]
Geben Sie mir 100 g Käse / zwei Kilo ...	Could I have a hundred grams of cheese / two kilograms of ... [kud‿ai häw‿ə **hann**drəd grämms‿əw **tschihs** / **tuh kill**əgrämms‿əw ...]
Haben Sie deutsche Zeitungen?	Do you have German newspapers? [du‿ju häw **dsehöh**mən **njuhs**pehpers]
Wo kann ich telefonieren / eine Telefonkarte kaufen?	Where can I make a phone call / buy a phone card? [**wäə** kən‿ai mehk‿ə **fohn**‿kohl / bai‿ə **fohn**‿kahd]

Notfälle

Ich brauche einen Arzt / Zahnarzt.	I need a doctor / a dentist. [ai **nihd**‿ə **dock**ter / ə **dänn**tist]
Rufen Sie bitte einen Krankenwagen / die Polizei.	Please call an ambulance / the police. [**plihs** kohl ən‿**ämm**bjuləns / ðə pə**lihs**]
Wir hatten einen Unfall.	We've had an accident. [wihw **häd** ən‿**äck**ßidənt]
Wo ist das nächste Polizeirevier?	Where is the nearest police station? [**wäər**‿is ðə **niər**əst pə**lihs** stehschn]
Ich bin bestohlen worden.	I have been robbed. [ai həw bihn **robbd**]
Mein Auto ist aufgebrochen worden.	My car has been broken into. [mai **kah** həs bihn **broh**kən **inn**tu]

Essen und Trinken

Die Speisekarte, bitte.	The menu please. [ðə **männ**ju plihs]
Brot	bread [bräd]
Kaffee	coffee [**koffi**]
Tee	tea [tih]
mit Milch / Zucker	with milk / sugar [wið‿**milk** / **schugg**er]
Orangensaft	orange juice [**orr**əndsch‿dschuhs]
Mehr Kaffee, bitte.	Some more coffee please. [ßəm‿moh **koffi** plihs]
Suppe	soup [ßuhp]
Fisch	fish [fisch]
Fleisch	meat [miht]
Geflügel	poultry [**pohl**tri]
Beilage	sidedish [**ßaid**disch]
vegetarische Gerichte	vegetarian food [wädschə**tär**iən fud]
Eier	eggs [ägs]
Salat	salad [**ßäl**əd]
Dessert	dessert [di**söht**]
Obst	fruit [fruht]
Eis	ice cream [ais **krihm**]
Wein	wine [wain]
weiß / rot / rosé	white / red / rosé [wait / räd / **roh**seh]
Bier	beer [**bi**ə]
Aperitif	aperitif [ə**pärr**ətihf]
Wasser	water [**woh**ter]
Mineralwasser	mineral water [**minn**rəl wohter]
mit / ohne Kohlensäure	sparkling / still [**spahk**ling / still]
Limonade	lemonade [lämmə**nehd**]
Frühstück	breakfast [**bräck**fəst]
Mittagessen	lunch [lanntsch]
Abendessen	dinner [**dinn**er]

ein Imbiss	a snack [ə‿**ßnäck**]
Ich möchte bezahlen.	I would like to pay. [ai‿wud **laik**‿tə **peh**]
Es war sehr gut / nicht so gut.	It was very good / not so good. [it‿wəs **wärri gud** / **nott**‿ßoh **gud**]

Im Hotel

Ich suche ein gutes / ein nicht zu teures Hotel.	I am looking for a good / not too expensive hotel. [aim **luck**ing fər‿ə **gud** / **nott** tu ick**spänn**ßiw hoh**täll**]
Ich habe ein Zimmer reserviert.	I have booked a room. [ai həw **buckt** ə **ruhm**]
Ich suche ein Zimmer für ... Personen.	I am looking for a room for ... persons. [aim **luck**ing fər‿ə **ruhm** fə ... **pöh**ßns]
Mit Dusche und Toilette.	With shower and toilet. [wið **schau**ər‿ənd **toi**lət]
Mit Balkon / Blick aufs Meer.	With a balcony / overlooking the sea. [wið‿ə **bälk**əni / **oh**werlucking ðə **ßih**]
Wie viel kostet das Zimmer pro Nacht?	How much is the room per night? [**hau**‿matsch is ðə ruhm pə‿**nait**]
Mit Frühstück?	Including breakfast? [in**kluh**ding **bräck**fəst]
Kann ich das Zimmer sehen?	Can I see the room? [kən‿ai **ßih** ðə ruhm]
Haben Sie ein anderes Zimmer?	Do you have another room? [du‿ju **häw** ə**nað**er ruhm]
Das Zimmer gefällt mir (nicht).	I like the room. / I don't like the room. [ai **laick** ðə ruhm / ai **dohnt laick** ðə ruhm]
Kann ich mit Kreditkarte bezahlen?	Do you accept credit cards? [du‿ju əck**ßäppt krä**dit‿kahds]
Wo kann ich parken?	Where can I park the car? [**wäə** kən‿ai **pahk** ðə **kah**]
Können Sie das Gepäck in mein Zimmer bringen?	Could you bring the luggage to my room? [kud‿ju **bring** ðə **lagg**idsch tə‿mai **ruhm**]
Haben Sie einen Platz für ein Zelt / einen Wohnwagen / ein Wohnmobil?	Is there room for a tent / a caravan / a camper? [is‿ðə **ruhm** fər‿ə **tänt** / ə **kär**əwən / ə **kämp**er]
Wir brauchen Strom / Wasser.	We need electricity / water. [wi **nihd** iläck**triss**əti / **woh**ter]

Orts- und Sachregister

Agra 44 ff.
▮ Itimad-ud-Daula 45
▮ Rotes Fort 45
▮ Taj Mahal 19, 44
Ajanta 28, 73
Alchi 67
Allapuzha s. Allepey
Allepey (Allapuzha) 93
Amber 51
Architektur 27 f.
Aurangabad 72

Backwaters 90 f.
Bandipur 88
Bangalore (Bangaluru) 84 ff.
Belur 89
Benares s. Varanasi
Bhubaneswar 96 f.
Bombay (Mumbai) 19, 31, 68 ff.
▮ Gateway of India 70
▮ Hängende Gärten 68
▮ High Court 70
▮ Jaintempel 69
▮ Jehangir Gallery 70
▮ Mahalakshmi-Tempel 69
▮ Malabar Hill 68
▮ Mani Bhavan 70
▮ Mumbadevi-Tempel 69
▮ Prince of Wales Museum 70
▮ Taj Mahal Hotel 70
Brahmaputra 12
Brindavan 31
Buddhismus 19, 24 f.

Cauvery, Fluss 82
Chennai s. Madras
Chittorgarh 55
Cochin (Kochi) 90 f.

Dekkanplateau 12
Delhi 19, 37 ff.
▮ Connaught Place 42
▮ Grab von Humayun 40
▮ Grab von Safdar Jang 40
▮ Gurudwara Sis Ganj 40
▮ ndia Gate 41
▮ Jama Masjid (Freitagsmoschee) 28, 39
▮ Lal Kot 41
▮ Lodi-Grabstätten 40
▮ Nationalmuseum 41
▮ Neu-Delhi 37, 38, 41
▮ Outb Minar 41
▮ Outb-ul-Islam 41
▮ Raj Ghat 42
▮ Raj Path 41
▮ Rashtrapati Bhavan 41
▮ Rotes Fort 38
▮ Victoria Terminus 70
Dilwara 55
Diwali-Fest 31

East India Company 19, 20, 68, 76, 77, 95
Elephanta 28, 70 f.
Ellora 28, 72
Ernakulam 90

Fatehpur Sikri 46 f.
Feste 6 f., 30 f.

Ganges, Fluss 12, 62 f.
Goa 74 ff.
Gombaz 88

Halebid 89 f.
Hassan 89
Hemis 66
Himalaya 12, 16, 34
Hindi 17
Hinduismus 19, 21 f.
Holi-Fest 6 f., 30

Indus 12, 64, 66
Islam 26

Jainismus 19, 25 f.
Jaipur 48 ff.
Jaisalmer 57 ff.
Jodhpur 34, 56 f.

Kalkutta (Kolkata) 19, 95 f.
Kamelsafaris 34, 59
Kanchipuram 79
Kapaleshwar-Tempel 77
Kaschmir 20
Kashi s. Varanasi
Kasten 15, 16, 19
Kathakali 30, 92, 93
Keoladeo-Ghana-Nationalpark 47
Kerala 31
Khajuraho 60 ff.
Kochi s. Cochin
Kolkata s. Kalkutta
Kollam s. Quilon
Konarak 97 f.
Kumarakom 93
Kunsthandwerk 28 f.

Ladakh 31, 64 ff.
Lamayuru 66 f.
Leh 64
Lingam 22
Literatur 30

Madhya Pradesh 59
Madras (Chennai) 19, 76 ff.
Madurai 80 f.
Mahabalipuram (Mamallapuram) 28, 79 f.
Mahabharata 30
Maharashtra 31
Mahashivrati-Fest 6 f., 30
Maisur s. Mysore
Malerei 32
Mamallapuram s. Mahabalipuram
Mathura 31, 50
Monsun 12
Mount Abu 55
Mumbai s. Bombay
Musik 29 f.
Mysore (Maisur) 31, 86 ff.

Nagarhole 88
Nagda 54
Nilgiri-Berge 12, 14

Pakistan 17, 20
Palace on Wheels 36
Parsismus 27, 68 f.
Periyar-Wildtierreservat 81
Phiyang 66
Pune 31
Puri 31, 98

Quilon (Kollam) 93

Raghurajpur 98
Rajasthan 31, 32, 34, 37, 49, 52 ff.
Ramayana 30
Ranakpur 26, 54

Sanchi, Großer Stupa 27, 59 f.
Sanskrit 17
Sarnath 63
Saspol 66
Seide 29
Sepoy-Aufstand 20
Shey 65
Sikh-Religion 19, 26 f.
Somnathpur 88
Spitok 66
Stok 66
Sravanabelgola 25, 89
Srirangam 82
Stupa 27
Sufismus 26, 47

Taj Mahal 19, 44
Tamil Nadu 30, 76 ff.
Tanz 29 f.
Thanjavur (Tanjore) 83
Thar, Wüste 12, 56
Tikse 66
Tiruchirapalli (Trichy) 82
Trekking 34
Triphunitura 91

Udaipur 52 ff.

Varanasi (Kashi, Benares) 50, 62 ff.
Veden 19

Yamuna 12

Personenregister

Adivasi 14
Aibak, Outb-ud-Din 19, 37, 41
Akbar, Kaiser 19, 44, 45, 47, 52, 56
Ali, Haidar 87, 88
Arya 16
Ashoka, Kaiser 19, 59
Aurangzeb 19, 38, 40, 44, 45, 56
Babur 19, 38, 41, 44
Bahadur II. 38
Bahadur, Tegh 40
Baker, Herbert 41
Beg, Ulugh 50
Boddhisattvas 25
Braganza, Katharina von 68
Brahma 22, 24
Brahmanen 15, 19
Buddha (Siddharta Gautama) 19, 24, 59, 63
Carter, Robert 76
Chanda, Rao 56
Charles II., König 68
Chishti, Salim 44, 45
Clive, Robert 15, 71
Desai, Anita 31
Deshpande, Sashi 31
Drawiden 15, 16
Durga 86
Fazl, Abu'l 45
Franz Xaver, heiliger 74
Gama, Vasco da 19, 90, 91
Gandhi, Indira 20, 42, 53
Gandhi, Mahatma 14, 15, 20, 42, 53, 70
Gandhi, Rajiv 20, 42
Ganghi, Sonia 20
Gamnesha 24, 31
Georg V., König 20, 70
Ghias Beg, Mirza 45
Gomateshvara 25, 89
Gori, Mohammed 19
Grass, Günter 96
Hastings, Warren 20
Humayun, Kaiser 19, 38, 40, 56
Irwin, Henry 87
Jai Singh II., Sawai 49, 50, 51
Jaisal, Rawal 57
Jehangir, Kaiser 45, 47, 57
Kafur, Malik 80
Khasi 16
Khilji, Alaud-ud-Din 41, 57
Krishnaraja IV. 86
Krishnaraja Wodeyar, Mummadi 87
Kshatriyas 15
Lodi, Ibrahim 41
Lodi, Sikander 41
Lutyens, Edwin 41
Mahavira 19, 25
Mahendra 60
Markandaya, Kamala 30
Minakshi 81
Mohammed 26, 40
Mumtaz Mahal 44, 45
Naga 16
Nanak, Guru 26
Naropa 67
Nehru, Jawaharlal 20, 42, 53
Nurjahan 45
Parias 15
Prithviraj 19, 37, 41
Rajputen 19, 51, 52 f., 55, 56
Roy, Arundhati 31
Rushdie, Salman 30
Safdar Jang 40
Sai Baba, Sri 85
Sayyiden 40
Shah, Mohammed 40
Shah, Nadir 19, 38
Shah, Vimala 55
Shah-Sayyid, Mohammed 40
Shahjahan, Kaiser 19, 38, 39, 44, 45
Shiva 22
Shivaji 19
Shudras 15
Singh II., Jaswanth 56
Singh II., Udai 52, 54
Singh, Gobind 27
Singh, Gulab 64, 66
Singh, Jagat 54
Singh, Ranjit 62
Siraj-ud-Daula 19
Tagore, Rabindranath 30
Tamerlan 19, 38
Teresa, Mutter 95
Thomas, Apostel 76, 77
Tipu Sultan 85, 87, 88
Vaishas 15
Vajpayee, Atal Behari 20
Viktoria, Königin 20, 52, 95
Vishnu 21
Vishnuvardhana, König 89
Wellesley, Arthur 87
Zarathustra 27, 69